Félix Lope de Vega y Carpio

¡Ay, verdades, que en amor...!

Barcelona **2024**
Linkgua-ediciones.com

Créditos

Título original: ¡Ay, verdades, que en amor...!

© 2024, Red ediciones S.L.

e-mail: info@linkgua.com

Diseño cubierta: Michel Mallard

ISBN tapa dura: 978-84-1126-211-8.
ISBN rústica: 978-84-9816-165-6.
ISBN ebook: 978-84-9816-690-3.

Sumario

Créditos _____ **4**

Brevísima presentación _____ **7**
    La vida _____ 7

Personajes _____ **8**

Jornada primera _____ **9**

Jornada segunda _____ **49**

Jornada tercera _____ **89**

Libros a la carta _____ **131**

Brevísima presentación

La vida

Félix Lope de Vega y Carpio (Madrid, 1562-Madrid, 1635). España.

Nació en una familia modesta, estudió con los jesuitas y no terminó la universidad en Alcalá de Henares, parece que por asuntos amorosos. Tras su ruptura con Elena Osorio (Filis en sus poemas), su gran amor de juventud, Lope escribió libelos contra la familia de ésta. Por ello fue procesado y desterrado en 1588, año en que se casó con Isabel de Urbina (Belisa).

Pasó los dos primeros años en Valencia, y luego en Alba de Tormes, al servicio del duque de Alba. En 1594, tras fallecer su esposa y su hija, fue perdonado y volvió a Madrid.

Entonces era uno de los autores más populares y aclamados de la Corte. La desgracia marcó sus últimos años: Marta de Nevares una de sus últimas amantes quedó ciega en 1625, perdió la razón y murió en 1632. También murió su hijo Lope Félix. La soledad, el sufrimiento, la enfermedad, o los problemas económicos no le impidieron escribir.

Personajes

Don Juan, galán
Martín, gracioso
Celia, dama
Inés, criada
Don García, galán
Alberto, amigo de García
Clara, dama
Julia, criada
Pradelio
Leoncio
Leandro
Liseo, criado
Perseo
Albano
Laurencio, escribano
Dos damas
Fulvio
Darío
Músico

Jornada primera

(Salen Celia e Inés, con mantos. Don Juan y Martín.)

Celia
    Porfiar no es cortesía,
y más con una mujer.

Juan
    ¿Cuándo ha sido agravio el ver
ni el rogar descortesía?
Porque pedir luz al día,
oro al Sol, plata a la Luna,
¿cuándo fue culpa ninguna?

Celia
    Culpa es grande porfiar
el que no puede alcanzar
lo que siguiendo importuna.

Juan
    César no hubiera llegado
al imperio si no hubiera
porfiado, ni tuviera
del mundo el cetro envidiado.
De Troya se vio vengado
porfiando Agamenón,
y pudo Pigmaleón
volver un mármol mujer,
y el campo del mar romper
con lienzo y tablas Jasón.

Celia
    ¿Historias? ¡Oh qué donaire!

Juan
    ¿Quién persuade mejor?

Celia
    Caballero historiador,
toda vuestra prosa es aire.

Id con Dios.

Juan

  ¡Bravo desaire
de ese tallazo es no ser,
en dejarse ver, mujer!

Celia

Si os habéis de arrepentir,
yo sé que es dejaros ir
mejor que dejaros ver.

Juan

 Tener en cárcel escura
el Sol de esos ojos bellos,
ingrata al cielo, que en ellos
copió su misma hermosura;
poner en prisión tan dura
sus jazmines y claveles
sinrazones son crueles.
Dejaos, señora, mirar,
porque os pueda retratar
el alma, divino Apeles.

Celia

  ¿Otra historia?

Juan

   ¡Que seáis
tirana de tanta nieve!

Celia

¡Qué poco la nieve os debe,
si arrendador me llamáis!

Juan

Pues ¿para qué la guardáis?

Celia

Para el verano le guardo.

Juan

Desde aquí la nieve aguardo,

si me decís vuestra casa.

Celia   Eso los límites pasa
de vuestro ingenio gallardo.
   Extraños los hombres son,
pues, sin ver una mujer,
su casa quieren saber.
¡Qué liviandad! ¡Qué traición!
Aquí no obliga afición,
pues no amáis lo que no veis;
luego de liviano hacéis
esta necia diligencia,
o ¿por ver mi resistencia
tanta codicia tenéis?

Juan   ¡Notable error!

Celia   ¿Cómo error?

Juan   Vos lo veréis.

Celia   ¿Cuándo?

Juan   Agora.
De cuerpo y alma, señora,
¿cuál tiene mayor valor?

Celia   El alma.

Juan   Luego mi amor
no fue liviano argumento
si tiene por fundamento
amar el alma que vi.

Celia	¿Vos vistes mi alma?
Juan	Sí.
Celia	¿Dónde?
Juan	En vuestro entendimiento. Luego, sin ver vuestra cara, bien me pude enamorar y la casa preguntar donde la vista ocupara y el cuerpo al alma igualara; porque fuera yo muy necio si creyera, en su desprecio, que diera el cielo, su autor, a joya de tal valor caja de tan poco precio.
Celia	Vos sois hombre peligroso. Id con Dios.
Juan	Oíd.
Celia	Decid.

(Hablan aparte don Juan y Celia.)

Martín	Y ella, ninfa de Madrid, ¿piensa con tanto reposo hacerme gastar a mí la prosa que a mi señor?
Inés	¿Cómo me habla de amor sin haberme visto?

Martín	Ansí.
	Pues ¿qué pleito tengo yo
	que pueda solicitarme?
	¿Qué valonas que lavarme?
Inés	¿No sabe otras cosas?
Martín	No;
	que, en viendo mujer que sea
	de mi parte no sé más
	de: «¿Quién eres? ¿Dónde vas?
	Bien te aliñas. No eres fea.
	¿Tienes cúyo? ¿Eres mostrenca?
	¿Dónde posas? Di tu nombre.
	¿Quieres un hombre muy hombre?
	Quítese allá; quedo, penca».
	¡Por vida del rey de copas,
	que de una tamborilada
	dejo a la más entonada!
Inés	¡Cómo en lo vivo me topas!;
	que, en viendo un hombre de rumbo,
	deseo verle en galeras.
Martín	Pues, hermana, no me quieras,
	que yo blasono y retumbo;
	todo soy armas.
Inés	Pues yo
	nunca de fieros me obligo;
	mansos quiero, tiernos sigo,
	que bravos hablantes no.
	Lo que gasta el escribano

y el señor procurador,
lo que se lleva el dotor
y la fe del cirujano,
 más lo quiero en gorguerán
y aun en parda picardía.

Martín   Pues descúbrete, luz mía,
que también soy yo galán
 de los que dan en dinero
el moño y la bigotera;
que, si eres dama espetera
o tarima saber quiero.

Inés   No puedo, porque se parte
mi ama.

Celia   No me sigáis.

Juan   ¿No os veré?

Celia   Si me buscáis...

Juan   ¿Adónde?

Celia   ...en la misma parte.

(Vanse Celia e Inés.)

Juan   ¡Bizarra mujer!

Martín   ¡Famosa!

Juan   No se descubrió.

Martín	Ni a mí su criada.
Juan	A un lado vi por brújula cierta rosa, campo de una clara estrella.
Martín	Yo la sigo.
Juan	¿Para qué? Pues de verla me libré, ¿no estaré mejor sin vella?
Martín	¿Eso dices?
Juan	Si es mujer que el alma puede inquietarme, yo quiero sin ver quedarme por no perderme por ver. Si viese un hombre venir un león, ¿no es más cordura darle la espalda segura que no quererle seguir? Cuando hay un toro furioso y sin resistencia humana, ¿no es mejor una ventana que espada y capa en el coso? Cuando un juez está airado, ¿no es mejor estar seguro por el extranjero muro o por el propio sagrado? Cuando hay un pleito que en él se pueden dos concertar, ¿no es mejor que no aguardar

una sentencia cruel?
　　Pues así en esta ocasión
me libré, con no la ver,
de hallar en esta mujer
toro, juez, pleito y león.

(Salen don García y Clara.)

García　　　　　　　　Pintarte su condición,
hermosa Clara, sería
«la Luna, el mar, la porfía,
la mudanza y la traición».
　　Luna, en crecer y menguar;
mar, en bonanza y tormenta;
porfía, en que lo que intenta
se ha de hacer y ejecutar;
　　la mudanza, en que parece
tornasol, y la traición,
en que, mostrando afición,
al mismo tiempo aborrece.
　　Ésta es Celia, y yo soy quien
amo la Luna y el mar,
el mudarse, el porfiar,
y aun la traición quiero bien;
　　que con todos los defetos
que ves, son sus gracias tales,
que nacieron celestiales
para examinar discretos.
　　Amar un hombre en virtud
de amarle es ley de razón,
y discreta perdición
amar con ingratitud.
　　Yo no entiendo estos secretos;
mas dicen los entendidos

que es amar aborrecidos
razón de estado en discretos.

Clara   ¿De manera, don García,
que es ley de la discreción
querer a quien sin razón
aborreciendo porfía?
  Debe de ser por fineza,
porque querido querer
pienso que debe de ser
la ley de Naturaleza;
  que querer donde el rigor
extiende sus asperezas
más parecen que finezas
bachillerías de Amor.
  Pero, pues habéis venido
a que os ayude a vencer
el desdén de esta mujer
y el agravio de su olvido,
  mirad que habéis de dejar
de ser discreto también,
pues amaréis sin desdén
y con desdén se ha de amar.

García   No agravia la discreción,
Clara, hacer las diligencias,
que conquistar resistencias
efetos discretos son.
  Al que cercase un lugar,
¿no sería valentía
sufrir de noche y de día
defensas sin pelear?
  Por eso advierte mi intento
en lo que has de hacer por mí.

Clara	Ya lo estoy.
García	Pues oye.
Clara	Di.
García	Amor es conocimiento

de las partes de quien ama,
por donde se viene a amar,
las cuales suelen llegar
por terceros a una dama
    mejor que por propia vista;
que la buena información
califica la opinión,
facilita la conquista.
    Tú, pues, no como tercera,
que tienes muy poca edad
para vender voluntad,
sino en razón de primera,
    has de fingir que, celosa,
a Celia vas a rogar
que no me permita entrar
en su casa, porque es cosa
    que suele, al mayor desdén,
tocar al arma en el alma,
y al sueño de mayor calma
despertar a querer bien.
    Añadirás a estos celos
las partes que no hay en mí,
con que, envidiosa de ti,
abrirá puerta a desvelos,
    que celos y privación,
y el ver que me adoras, Clara,

18

y que tu talle y tu cara,
calidad y discreción
   desprecio por su desdén,
hará por dicha en su fría
condición más batería
que haberla querido bien.

Clara
   ¡Qué arbitrista, de que hay tantos
en esta edad, como Amor!
¡Brava industria!

García
            La mejor,
aunque se consulten cuantos
   remedios se han inventado
contra desdenes.

Clara
           Quisiera
decirte, si me atreviera,
una cosa que he pensado.

García
   Cuando sea contra mí
te doy licencia.

Clara
         Mirando
tus prendas y reparando
que Celia te trate así,
   sospecho que me has callado
que a otro debe de querer.

García
¿Querer? ¿Cómo puede ser
donde es Argos mi cuidado?
   Que los ojos del pavón
no se igualan a mis celos,
ni las luces de los cielos

como mis cuidados son.
　　Si un hombre un átomo fuera
y en sus aposentos, Clara,
cubierto del Sol entrara,
pienso que mi amor le viera.

Clara
　　Calla, que sabemos mucho
las mujeres.

García
　　　　Lo confieso,
mas mis celos son exceso.

Clara
Tu seguridad escucho
　en fe de su condición,
y voy con una criada
a fingirme enamorada
de tu talle y discreción;
　pido celos, finjo pena
que nunca tuve por ti.

García
Pues escoge desde aquí,
Clara, vestido o cadena.

Clara
　　Cadena es mejor, García,
que el oro crece el valor,
porque el vestido mejor
vale menos cada día.

García
　　Agora sí que pareces
tercera contra el decoro
de la edad, que amas el oro
y las galas aborreces.

Clara
　　García, por interés

tomo, si a escoger me dan,
galas del que es mi galán
y oro del que no lo es.

(Vanse. Salen Celia e Inés.)

Inés   ¡Peregrina novedad,
habiendo tú despreciado
a tantos que te han mirado!

Celia   Yo nací sin voluntad,
potencia que me faltó.

Inés   Por ella, que así lo siento,
dos partes de entendimiento
Naturaleza te dio;
mas no naciste sin ella,
pues la tienes a don Juan,
que esas ansias que te dan
por sus partes nacen de ella.

Celia   No, Inés; yo no la tenía,
que en acabando de verle
la crió, para quererle,
Naturaleza aquel día.

Inés   Estaba por darle vaya
a tu antigua libertad.

Celia   Ya que sé que hay voluntad,
no hayas miedo tú que haya
más peligros para mí.

Inés   Luego ¿no verás este hombre?

Celia	Yo no sé más de su nombre,
	y en esto dichosa fui;
	porque si supiera más,
	mayor daño me viniera.
Inés	¿Qué daño?
Celia	Que le quisiera,
	y no he de querer jamás.
Inés	¿Y si te le busco yo?
Celia	No quiero por don García
	ver mi opinión algún día
	en lo que jamás se vio;
	que está loco, y con los celos
	será mayor su locura.
	Yo he tenido, y es cordura,
	a más piedad de los cielos
	no saber quién es don Juan,
	que este amor fue un accidente.
Inés	¡Gran ruido!
Celia	¡Extraña gente!
Inés	Tras un caballero van.

(Salen Leoncio, Pradelio, Leandro, acuchillando a don Juan.)

Juan	Nunca el valor se acobarda,
	puesto que ejércitos fueran.

Leoncio	¡Muera el villano!
Juan	¡Mentís!
Pradelio	Con espadas no hay afrenta.
Leoncio	A buen sagrado se acoge.
Pradelio	A la casa lo agradezca donde se ha entrado.

(Vanse Leoncio, Pradelio y Leandro.)

Inés	¡Ay señora!
Celia	No huyas, Inés; no temas.
Inés	¿No ves que se ha entrado en casa un hombre de la pendencia?
Celia	Tengo el ánimo gallardo. No hay cosa que me parezca más bien que un hombre riñendo, si tiene brío y destreza. Vuesa merced se sosiegue.
Juan	Tendré, señora, vergüenza de haberme aquí retirado.
Celia	Hombre que tan bien pelea, defendiéndose de tantos, no quiero yo que la tenga.

(Habla aparte con Inés.)

23

¡Jesús! ¿No es éste don Juan?

Inés
El mismo; para que veas
que no hay prevención humana
para huir de las estrellas.

(Sale Martín.)

Martín
Aquí pienso que se entró.

Juan
¿Eres tú?

Martín
¿Qué es esto? ¡Fuera!
¿Dónde están esos gallinas?
Mataré...

Juan
¡Detente, bestia!

Martín
¡Todo el mundo no es bastante!

Juan
Ya como San Telmo llegas.
¿Adónde estabas?

Martín
Jugando
en el zaguán de Florela
el barato que me diste.
Oí que cuarenta ruecas
le daban como a tu espada,
y salí como si fuera
un novillo de Jarama.

(Habla aparte a Martín.)

Juan	Espera, Martín. ¿No es ésta la dama que vimos hoy?
Martín	Que en el talle lo parezca no es mucho, que es extremado.
Juan	¡Qué dicha tendré si es ella!
Celia	En habiendo ese valiente —digo valiente por señas— acabado su papel, aunque es gustosa materia, diré yo también el mío, si vuesa merced se asienta. Una silla, Inés.
Juan (Siéntense.)	¡Señora! ¿Tanta merced?
Celia	Diome pena el veros reñir con tantos, si bien fue vuestra defensa con tan bizarro valor... ¿Estáis herido?
Juan	Pudiera. Solo un rasguño en un dedo me ha dejado la pendencia, desagravio de un mentís, pues habiendo sangre, cesa.
Celia	Sentaos, que le quiero ver.
Juan	No es nada.

Celia	Aunque menos sea.
	Ataros quiero un listón.
Juan	Será del Amor la venda.
Celia	¿Queréis agua?
Juan	¿Para qué?
Celia	La sangre alterada templa.
Juan	Yo no he caído.
Celia	Es verdad.
	Y que no caigáis me pesa
	en quien deseastes ver
	hoy con tantas diligencias.
Juan	El alma me lo había dicho.
	Mirad si soy cosa vuestra,
	que en el peligro que estuve
	me vine a mi propia esfera.
Celia	Bien os habéis disculpado.
Martín	Y ella, señora doncella,
	¿no me pone algún listón?
Inés	Pues ¿hallóse en la pendencia?
Martín	Pues si no fuera por mí,
	¿mi amo ya no estuviera
	en Santa Cruz, en las andas,

adonde, quien fuere sea,
en tanto que se averigua,
le ponen a la vergüenza?

Inés

Y ¿está herido?

Martín

¡Pesia tal!
Traigo las tripas de fuera.

Inés

Pues ¿cómo pide listón?

Juan

¿No es justo pedir licencia,
señora, para serviros?

Celia

De la cortesía vuestra
no quiero mostrar disgusto,
si el cielo quiere que os quiera;
pues no sabiendo de vos,
huyendo de vuestra ofensa,
como garza que adivina
de los halcones que vuelan
el que la puede matar,
que vengáis a verme ordena
dentro de mi propia casa;
y será cosa tan nueva,
que habéis de vengar a algunos
que son linces destas rejas.
Celia es mi nombre. En Madrid
es notoria mi nobleza.
Mi dote soy yo no más,
porque soy más que mi hacienda.
Con esto y guardar la cara
a mi opinión, será cierta
mi voluntad en serviros.

Juan	La relación es tan buena
	que se acobarda la mía.
	Yo me llamo don Juan Guerra.
	Soy señor de la Montaña
	de esta casa, que pudiera
	honrar títulos y grandes.
	Sacáronme de mi tierra
	pretensiones en la Corte,
	porque, viendo que se premian
	méritos en esta edad,
	he querido que lo sean
	servicios de mis pasados,
	de que mostraros pudiera
	hazañas que honran sus armas;
	que no hay blasones sin ellas.
	Seré vuestro, ¡vive Dios!,
	conociendo la excelencia
	de vuestras partes y viendo
	que no me valió el no verlas,
	pues, si así puedo decirlo,
	con invención mis estrellas
	me han traído a vuestra casa
	y adonde por fuerza os vea.
Celia	¿Guerra sois? ¿Qué maravilla
	que vuestro talle me hiciera
	guerra en el alma? Ahora bien;
	lo que los cielos conciertan,
	vanamente lo desvían
	consejos y diligencias.
Martín	Dígame vuesa merced,
	pues nuestros amos se enredan,

las partes de su persona.

Inés   Inés soy.

Martín   ¿Inés a secas?

Inés   ¿No basta Inés?

Martín   Para propia
basta y sobra; pero sepa
que está el mundo en un estado
que la más pobre doncella
ha menester tantas galas
como si nacido hubiera
heredera de una casa.
¡Cuerpo de tal! ¿No pudieran,
como quitaron las calzas,
quitar manteos de tela?
En tiempo del Rey Segundo
—así las cosas se aumentan—
hubo mantos de burato
y medias de carisea.
¿Cómo ha de casarse un hombre
si una mujer trae a cuestas
todo el dote en una tarde?

Inés   ¿Quiere que le diga que ésta
es la edad más acertada?

Martín   ¿Cómo?

Inés   Una mujer no llega
a la mitad de la edad
de un hombre, pues si se cuenta

por la mitad que ellos viven,
¿no será justo que tenga,
lo poco que dura hermosa,
galas con que lo parezca?
Un hombre, aunque esté más viejo,
se viste como si fuera
mozo; pero una mujer
¿qué se pone en siendo vieja?
Sin esto, el darles manteos
no pienses tú que es por ellas;
mas por honrar el lugar
donde la Naturaleza
les dio el ser que tienen de hombres,
que si no, no le tuvieran.

Martín   En mi vida pensé oír
cosa tan aguda y nueva.
Y agora caigo en la causa
por que doran con mil ruedas
los lazos de las guitarras.

Inés   ¿Cómo?

Martín   Porque se gobiernan
las voces por donde el aire
sonoro en el centro suena.
Yo, Inés, me llamo Martín,
hijo de una honrada dueña,
que, andando sobre mi nombre
en demandas y respuestas,
desde una jaula que estaba
acaso sobre una mesa,
respondió un tordo: «Martín».

30

Inés	Bien dijo, para que sea,
	como de tordo, el «Martín»
	pronóstico de tu lengua.

(Sale Liseo, criado.)

Liseo	De dos sillas de este tiempo,
	en que van a la jineta
	las damas, que con los coches
	divorcio hicieron por ellas,
	si no me engaña la traza,
	ama y criada se apean
	y, preguntando por ti,
	piden para entrar licencia.

| Celia | Ya que fuiste necio, di |
| | que entren. |

| Juan | Y yo con la vuestra |
| | me voy. |

| Celia | Con cuidado quedo. |

| Juan | Bien podéis, pues que se queda |
| | todo cuanto soy con vos. |

| Martín | Advierte, Inés, que me tengas |
| | por lo que soy. |

| Inés | Y tú a mí |
| | por más bellaca que necia. |

(Vanse don Juan, Martín, y Liseo. Salen doña Clara y Julia, criada.)

Clara	Debo de haber estorbado tan buena conversación.
Celia	Las que yo tengo no son de gusto ni de cuidado; si bien tal vez visitada de estos deudos caballeros.
Clara	Deseaba conoceros.
Celia	Eso me diréis sentada.

(Siéntense.)

Clara	Desde una Pascua que os vi en la Merced, os cobré grande afición.
Celia	Que os hablé me acuerdo.
Clara	Puesto que os di palabra de visitaros, mudar casa no me dio lugar.
Celia	Recibiera yo merced de veros y hablaros. ¡Qué bien tocada venís!
Clara	Antes vengo descuidada.
Celia	Así el descuido me agrada.

Clara	Vos lo veréis si me oís,
	que más que cabellos veis
	me traen celos de vos.
Celia	¿De mí?
Clara	Sí.
Celia	¡Válgame Dios!
	¿Celos, y de mí, tenéis?
Clara	Pues ¿de quién con más razón?
Celia	¿Sabéis mi nombre?
Clara	Mis celos,
	Celia, nacen de esos cielos;
	que celos y cielos son.
Celia	¿Son requiebros o son celos?
Clara	Celos y requiebros son;
	que ese talle y discreción
	juntaron celos y cielos.
Celia	Si os ha querido picar
	algún galán mentecato,
	de estos que andan en retrato
	que no se puede mudar,
	no sé cómo me buscó,
	que suelo ser recatada.
Clara	No habéis de escuchar cansada.

Celia	Sentada os escucho yo.
Clara	Don García, que yo creo

Clara

Don García, que yo creo
que no negaréis el nombre,
caballero, gentilhombre,
puso en mi talle el deseo.
Mirad cuán poco rodeo
lo que he venido a deciros.
Papeles, noches, suspiros
rindieron mi condición,
porque ya sabéis que son
de nuestra flaqueza tiros.
    Su gala, su bizarría,
su discreción, su donaire,
aquel despejo, aquel aire,
gracia, lustre y valentía
bien serán disculpa mía,
que no sé yo qué mujer
se pudiera defender
de un hombre de tantas partes,
sobre las industrias y artes
con que nos hacen perder.
    Finalmente, no contento,
como mozo de esta edad,
de una sola voluntad,
o porque su pensamiento
no aspiraba a casamiento,
o, la más cierta razón,
el faltar la estimación,
si llega a trato el empleo;
que se desmaya el deseo
en viendo la posesión,
    comienza a mostrar disgusto,
y el gusto en desdén resuelve,

que, cuando la espalda vuelve,
cobarde batalla el gusto.
Mas, viendo que no era justo
dejarme tan obligado,
de tal manera a mi lado
las noches amanecía
que Amor vergüenza tenía
de verse a su lado helado.
    Con esto, quise saber
la causa; que claro estaba
que hombre a quien mujer helaba
abrasaba otra mujer.
No fue difícil de ver,
pues yo propia entrar le vi
en vuestra casa; que fui
la misma que le siguió,
porque no fiara yo
mi mal menos que de mí.
    A quien de tal discreción
dotó el cielo, Celia mía,
basta decir que García
me tiene esta obligación.
Que entre no será razón
en vuestra casa, y conviene
a vuestro honor, porque tiene
gracias que os han de engañar;
que del mucho confiar
la mucha deshonra viene.

Celia	Yo os he escuchado, y querría que me escuchásedes vos.
Inés	No podréis hablar las dos. Dejadlo para otro día,

que viene aquí don García.

Celia   Allí os podéis retirar;
que no os puedo asegurar
mejor que hablando con él.

Clara   Vengadme de este cruel.

(Escóndense Clara y Julia. Sale don García.)

García   ¿Puedo entrar?

Celia   Podéis entrar.

García   Dos sillas he visto aquí.
¿Venís de fuera o vais fuera?

Celia   Pasó el tiempo que pudiera
daros relación de mí.
     La que ahora os puedo dar
es que no pongáis los pies
en esta casa.

García   ¿Después
que en ella merezco entrar?
     No sé que diese ocasión
que así incite vuestra ira,
si no es que alguna mentira
me ha puesto en mala opinión.

Celia   Aquí no hay que replicar,
don García; estad seguro
que el honor que yo procuro
no me le habéis de quitar;

| | y a tanta resolución |
| | el iros es la respuesta. |

García   Bien clara se manifiesta
                  la siniestra información.
                    Yo me iré, no solamente
                  de vuestra casa, señora;
                  que os prometo desde agora
                  no volver eternamente
                    a Madrid, donde nací.

Celia   Agora un mozo galán
                  en Génova o en Milán
                  está mejor.

García   Es así,
                    que también yo tengo honor,
                  y nadie, por singular
                  que sea, me ha de tratar
                  con tan áspero rigor.
                    Una bala de un francés
                  tendré por menos agravios
                  que escuchar de vuestros labios:
                  «No pongáis aquí los pies.»
                    Mandad, Celia, que me den
                  esos papeles, no sea
                  mi desdicha que los vea
                  alguno que os quiera bien
                    y se burle, venturoso,
                  de un hombre tan desdichado.

Celia   De aquel contador dorado
                  saca, Inés, con un celoso
                    listón atados en él,

de este galán los papeles.

(Vase Inés.)

García   A desdenes tan crueles,
Celia, paciencia cruel,
  que solo me ha de vengar
Milán de vos y de mí.

Celia   ¡Qué humildad!

(Vuelve Inés con los papeles.)

Inés   Ya están aquí.

Celia   Pues bien se los puedes dar.
  —Esa carga de mentiras
lleve por fieltro a Milán
vuesa merced.

García   ¿Aun no están
satisfechas tantas iras?
  ¿Qué es de un retrato que os di?

Celia   Ese naipe en medio está;
baraje y luego saldrá,
y dele a Clara por mí.

García   Ya con Clara se declara
la causa; mas no será
de Clara, pues roto está.

(Rompa el retrato.)

Celia

¿Qué os ha hecho vuestra cara
que la habéis tratado así?

García

Aunque ya no me aprovecha,
desmiento vuestra sospecha
para que se quede aquí.

(Vase.)

Celia

No quedará, porque yo
sabré arrojarle a la calle.

(Arrójale, y salgan Clara y Julia.)

Clara

Quien así supo tratalle
mayores celos me dio.
¿No me diérades a mí
los pedazos?

Celia

¿Para qué?

Clara

¿Enfadada estáis?

Celia

No sé.

(Vase Celia.)

Clara

Perdonad si os ofendí.

Julia

Oye, hidalga.

Inés

¿Qué me quiere?

Julia

Lo que es Martín, no entre acá...

Inés	¿También ella?
Julia	¡Bueno está! O su San Martín espere.
Inés	¿Hay papeles o retrato que me pida, a imitación de su ama?

(Vase.)

Julia	Es tentación; que si el cabello arrebato no le ha de quedar...
Clara	No más. ¿No miras que estoy aquí? ¡Qué bien los celos fingí!
Julia	Buena cadena tendrás si Celia no se divierte.
Clara	Celos son como sangrías, que en ocasiones y días o dan la vida o la muerte.

(Éntrense, y salgan don Juan y Martín.)

Juan	No he sabido defenderme.
Martín	Donde la ocasión es tanta, ¿qué valor tuviera fuerzas, qué entendimiento bastara?

Fuero de eso, allí te trujo
la Fortuna, que se encarga
tal vez de ayudar a Amor,
y su tercera se llama.

Juan   Yo me he de perder por Celia.

Martín   Perdido te imaginaba;
                porque no hay, después de verla,
                sagrado para las almas.

(Alza los pedazos del retrato.)

Juan   ¿Qué es eso que miras?

Martín   Miro
                lo que unos hombres se hallan
                y lo que otros pierden.

Juan   ¿Cómo?

Martín   A la puerta de tu dama
                he hallado una rica joya.

Juan   ¿Joya?

Martín   Una sota de espadas.

Juan   Nunca faltan donde hay sotas.

Martín   Media es no más. ¡Cuál estaba
                de desgraciado y perdido
                el que te rompió, borracha!
                ¡Vive Dios, que era retrato,

y está aquí la media cara!
No estaba seguro el dueño
con la sota a las espaldas.

Juan

Muestra. ¿Retrato rompido,
y a esta puerta?

Martín

                              ¿Si eres causa
por haber entrado aquí?

Juan

Que riñeron cosa es clara,
y que Celia le rompió
y le echó por la ventana.

Martín

Antes es ventura tuya,
si con alguno baraja,
que, pues él rompe los naipes,
ya perdió lo que tú ganas.

Juan

Celos me ha dado.

Martín

                              ¿De qué?

Juan

No sé. Si entero le hallaras,
presto nos dijera el dueño.

Martín

Esta media parte basta.

Juan

Pues ¿podráse conocer?

Martín

Si por las calles que andas
le cotejas con los hombres,
vendrás a hallarle sin falta.

Juan	Eso es tardar muchos días,
	y los celos nunca aguardan.
Martín	Un remedio.
Juan	¿Cómo?
Martín	Escucha.
	De Celia es cosa muy clara
	que si es galán, será mozo;
	de éstos no digamos nada,
	que el uso tiene disculpa.
	Estos, don Juan, nunca faltan
	de la comedia, si es nueva.
	Hoy estrenan una brava,
	en que la carpintería
	suple concetos y trazas.
	Pongámonos a la puerta,
	pues ya es hora de que salgan;
	que aquí hay un ojo y la media
	frente con quedeja larga,
	y no poco del bigote.
	Si te parece que basta,
	toma esa esquina y coteja.

(Salgan Fulvio y Darío.)

Fulvio	¡Buena comedia!
Darío	¡Extremada!
Fulvio	Por cierto que es mucho hallar,
	después de haber hecho tantas,
	trazas y concetos nuevos.

(Hablan los dos aparte.)

Juan   ¿Es alguno de éstos?

Martín   Calla,
que voy bosquejando el rostro.

Juan   Aquí salen dos tapadas.

Martín   No será ninguna de ellas.

Juan   ¿Cómo, si no tienen barba?

(Salgan Dama I y Dama II con mantos.)

Dama I   ¡Oh, qué gracioso entremés!

Dama II   ¡Qué bien Amarilis habla!

Dama I   ¡Qué bien se viste y se toca!

(Vanse las dos damas. Salen Perseo y Albano.)

Perseo   No he visto cosa más rara
que las décimas que dijo
con tales afectos Arias.

Albano   Laurel mereció Cintor
por el donaire y la gracia
con que dijo aquel soneto.

(Vanse Perseo y Albano.)

Juan	Ninguno de éstos le iguala.
Martín	Ya los miro y, como tiene este naipe media cara, no le hallo la otra media.
Juan	¡Ah, Martín! ¿De qué te espantas? Si como entera la buscas, buscaras también dos caras, yo sé que le parecieran muchos que con ellas andan. De media no hay que buscar.

(Salga don García.)

Martín	Aquí un gentilhombre pasa que viene a ver cómo salen del jaulón las bellas damas. Y ¡vive Dios! que es él mismo.
Juan	Muestra. Al vivo le retrata. Los celos me determinan, por lo que me dice el alma...
Martín	¿A qué?
Juan	A hablarle.
Martín	¿Cómo?
Juan	Espera. —Casi a vuestros pies estaba este retrato; si bien roto, puede haceros falta.

García	Éste fue retrato mío,
	que le rompí esta mañana
	en casa de una mujer
	tan hermosa como ingrata.
	Es tan mudable y soberbia
	que, sin razón, hoy me manda,
	o por locura o por celos,
	que no entre más en su casa.
	El haberle hallado aquí
	puede ser que de la manga
	se le cayese, si vino
	a la comedia.
Juan	¿Que es tanta
	la crueldad que usa con vos?
García	Si condición tan extraña
	hubiérades conocido,
	yo sé que no os espantara.
	Si os parece que merezco
	algún favor, que sin causa
	me destierre de sus ojos
	y me obligue a que me vaya
	del mundo, que no es huir
	de sus mudanzas a Italia,
	por no sufrir condición
	tan áspera y tan liviana,
	que es tornasol de su gusto,
	que como a un tiempo señala
	dos colores, así Celia
	a un tiempo aborrece y ama.
	Díjeos el nombre; no importa,
	pues no sabéis de quién hablan

mis celos o mis desdichas,
que me llevan a las armas
del de Feria, que en Milán
honra su nombre y su patria.
Donde tengo por mejor
que de algún francés la bala
me pase el pecho que el fuego
de sus airadas palabras.
Perdonad si cuenta os di,
sin conoceros, que pasan
de locura mis fortunas
por una mujer tan varia
que hoy busca, mañana deja,
y lo que deja mañana
vuelve a buscar otro día;
Luna de enero en mudanzas,
Sol de invierno, flor de almendro,
falso amigo, mar en calma,
mujer sola, siempre ociosa,
y rica y loca, que basta.

(Vase.)

Juan   ¿Qué te dice?

Martín   Que hablan celos.

Juan   Martín, cuando celos hablan
                       muy lindas verdades dicen,
                       que es vino que no las calla.
                       No más Celia.

Martín   Pues ¿por qué?

Juan	Porque éste me desengaña, y escarmiento en su cabeza.
Martín	¿No miras que esta mudanza nace de estimarte?
Juan	Vamos.
Martín	¿Adónde?
Juan	A guardar el alma.

Fin de la primera jornada

Jornada segunda

(Salen doña Clara, Julia y don Juan.)

Clara

        Paso a la calle Mayor,
y quise veros, don Juan.

Juan

        El que no tuviere amor
será de todas galán
y todas le harán favor.
    Lo que quisieres comprar
quiero esta tarde pagar,
ya que en mi casa has entrado.

Clara

        No vengo a daros cuidado.

Juan

        Nunca me le ha dado el dar.

Clara

    Saber de vos deseaba,
que ha mil años que no os veo,
y porque ayer donde estaba
creció, don Juan, mi deseo
lo que de vos se trataba.
    Solíades navegar
de aquesta corte en el mar
sin que el agua os diese pena;
pero ya cierta sirena
dicen que os supo engañar.

Juan

    Pues, Clara, fue impertinencia
de algún galán, engañado
por celosa competencia;
que soy Ulises atado
al árbol de mi prudencia,

49

que, si bien me detenía
cierta dama, a quien servía,
de su misma condición
saqué el olvido, en razón
del amor que me tenía.

Clara   Que no hay para qué encubrirme
en lo que os puedo servir;
que, aunque más secreto y firme,
de Celia os puedo decir
más que vos podéis decirme.
Soy su amiga desde un día
que por cierto don García
fingí unos celos con ella.

Juan   Ya sé yo lo que por ella
ese galán padecía;
que de ejemplo me sirvió
para saber defenderme.

Clara   Luego ¿ya el amor cesó?

Juan   No ha cesado, pero duerme,
y no le despierto yo.
A la hermosa Celia vi,
enamoróme, serví,
obligué, túvome amor,
milagro de su rigor,
y mal empleado en mí.
No porque le fuese ingrato;
que con honesta afición
la visito, sirvo y trato;
mas porque es su condición
del mismo viento retrato.

Pienso que venganza ha sido,
Clara, de Amor ofendido,
pues cuanto crece su amor,
sin estimar su favor,
se va aumentando mi olvido.

Celia es un gran casamiento,
porque es muy rica y hermosa
y de claro entendimiento;
pero el alma, recelosa,
camina en su amor a tiento.

Puede ser también que el ver
el rigor de una mujer,
que a tantos ha despreciado,
reducido a tal estado,
me obligue a no la querer.

Porque ver en su aspereza
lágrimas, y en sus papeles
locuras, a tal tibieza
me obligan que son crueles
mis ojos con su belleza.

Porque de verla llorar,
a diferente lugar
miro, por no me reír
y, aunque lo sabe sentir,
lo sabe disimular.

Ansí se va entreteniendo
Amor de Celia, vengando
los que le andaban sirviendo.

Clara ¿Celia llega a estar llorando,
y vos de verlo riendo?
¡Brava vitoria, don Juan!
¿Dónde del amor están
los blasones vencedores?

51

No se han escrito mayores.
Eterno laurel os dan.
    Pero guardaos, que es mujer
que sabrá llorar y hacer
esas finezas con vos;
pero si os coge, ¡por Dios!,
que os dure poco el placer.
    Vengará vuestros desprecios
cuando no podáis comprar
su amor con iguales precios.

Juan

¿Cómo puedo yo llegar
a pensamientos tan necios?
    Quien no se quiere perder,
no se pare.

Clara

        ¿Qué ha de hacer?

Juan

Querer cuanto ver pudiere,
porque quien a muchas quiere
a nadie puede querer.
    Así las libres mujeres
no tienen jamás amor,
variando en sus placeres,
y quieren teniendo honor
por no mudar pareceres.

Clara

    ¡Qué gran castigo os espera
de esa libertad!

Juan

            Si fuera
solo con ella mi amor.
Así lo paso mejor.
¿Dígole yo que me quiera?

52

(Sale Martín.)

Martín   Aunque te causo disgusto,
no puedo dejar de darte
de cierta visita parte.

Juan   Sin gusto, Martín, no es justo.
¿Quién duda que Celia es?

Martín   La misma.

Juan   Pues vuelve y di,
necio, que no estoy aquí.

Martín   ¿Si viene con ella Inés,
que sabe que en casa estoy?

Julia   ¿Piensas que celos me das?

Martín   ¡Oh Julia amiga! ¿Aquí estás?

Julia   Aquí estoy.

Martín   Volando voy
a decirles que los dos
no estamos en casa.

(Vase.)

Clara   Agora
creo que Celia te adora.

Juan   Cánsame el alma, ¡por Dios!

Clara	¿Una mujer tan gallarda que te viene a ver despides? ¡Brava arrogancia! A Amor pides la venganza que te aguarda. ¡Lástima me da! No seas cruel. Llamarla es mejor, que yo a la Calle Mayor me voy.
Juan	Clara, no lo creas.
Clara	No tendrá celos de mí. Llámala, ¡por vida mía!
Juan	Ya fuera descortesía de saber que estoy aquí.

(Sale Martín.)

Martín	Celia se fue recelosa, señor, de que en casa estás.
Juan	¿Qué dijo?

Martín	No dijo más
	de que es discreta y hermosa.
	   Echóse el manto, y sería
	para cubrir los enojos
	que en el papel de sus ojos
	Amor con agua escribía.
	   Dio un suspiro que pudiera
	romper, no el doblez sencillo
	del manto, mas si el soplillo

lámina de bronce fuera.
    Palabras dijo de agravios,
murmuradas con un «mientes»
entre perlas de sus dientes
y corales de sus labios.
    Que lloró fue cosa cierta,
o si no, fueron enojos;
algo llevaba en los ojos
que no acertaba a la puerta.
    Así por el manto a Inés
y ella sacó por lo bajo;
fuile a remediar un tajo,
y sacudióme un revés.
    «No conmigo picardías
—dijo—, su amo está acá;
que, adonde su perro está,
también está Tobías.»

Juan   Yo, Clara, gusto en extremo
                de atropellar el rigor
                de mujer de tal valor.

Clara   Ya te he dicho lo que temo.

Juan   Ven al jardín, que esto es
                querer más mi libertad.

(A Julia.)

Martín   ¿Cómo estamos de amistad?

Julia   Daréle el revés de Inés.

(Vanse. Salen don García y Alberto, su amigo, de noche.)

García	Pensé partirme, y no me dejan celos.
Alberto	Así castigan al Amor los cielos. En Milán os contaba, don García.
García	Para el de Feria y Santa Cruz tenía cartas del Almirante y el de Sesa; tuvo el Amor de los cabellos presa mi determinación, y no he podido partirme, aunque mejor hubiera sido. Salgo de noche a solo ver la puerta, alguna vez a mi favor abierta, y he visto un caballero disfrazado llegar, llamar y entrar con un criado.
Alberto	Pues ¿por qué no le habéis reconocido?
García	Si piensan en Madrid que me he partido los señores y amigos, gran bajeza fuera dar ocasión a conocerme, a herir o a herirme, a huirme o a prenderme. Cuando por dicha piensan los señores que en Saboya merezco sus favores; los amigos, que a tajos y reveses derribo por el suelo piamonteses, y algunos envidiosos, que me espera, si no la compañía, la bandera, ¿tengo de acuchilllar un embozado?
Alberto	No he visto amante yo tan reportado. Celos, y no saber el dueño, es cosa nueva en amor, y a Amor dificultosa. ¿No le podéis seguir?

Martín	También lo intento;
	mas son tan recatados que no siento
	remedio para ver adónde paran.
Alberto	Mucho vuestras fortunas se declaran.
García	Con esto agora entenderéis, Alberto,
	la causa del haberme descubierto
	al amigo mayor, al más discreto.
Alberto	Pues ya tenéis de mí tan buen conceto,
	decidme a lo que vengo.
García	Yo me imito,
	en una carta que hoy a Celia he escrito,
	como que de Milán, con un presente,
	la escribo, y que de vos tan justamente
	quise fiarla; pero habéis de darla
	cuando este caballero venga a hablarla,
	que no repararán en un soldado.
	Y vos, o por haberlo preguntado
	o ya por conocer el caballero,
	sabréis mejor lo que pretendo y quiero.
Alberto	Decís muy bien; pero es inconveniente
	decir que traigo carta con presente;
	que han de pedirle y, como son mujeres,
	para tomar no toman pareceres.
García	Decid que le tenéis en la posada,
	y señaladla donde no hallen nada.
	Pero ella es tan bizarra que no creo
	que reciba el presente ni el deseo.

Alberto

No lo creáis; que amantes, aunque ausentes,
con dar presentes, estarán presentes.

(Vanse. Salen Celia e Inés.)

Inés

Pues remedio has de tener;
no has de dejarte morir.

Celia

Cansándome de sufrir,
no me canso de querer;
    porque a tanta desventura
ha llegado su rigor
que ya no parece amor.

Inés

Pues ¿qué parece?

Celia

Locura.

Inés

Los que nunca han enfermado
sienten mucho cualquier mal.

Celia

Si en correspondencia igual
a don Juan hubiera amado,
    no fuera mi sentimiento
de esta calidad, Inés,
que ya parece interés
de mi propio pensamiento.
    ¿Yo querer sin ser querida,
no sabiendo yo querer,
y que casi vengo a ser
por querer aborrecida?
    ¿Dónde está la libertad
con que a tantos desprecié?

¿Hombre se alaba que fue
señor de mi voluntad?
   Si estuviera don García
donde aquestas cosas viera,
¡qué de venganzas tuviera!
¡Ay, libre condición mía!
   ¿Qué artificio o qué ventura
de un hombre llegó a tener
imperio en una mujer,
que para ser de escultura
   en su esquiva condición
dio mármoles a los cielos?

Inés   ¿No quieres tú darle celos?

Celia   Tretas ordinarias son.

Inés   Lo que está calificado
por bueno, aunque antiguo sea,
eso es justo que se crea.

Celia   Pues ¿qué haremos?

Inés   Yo he pensado
   que finjas que de Milán
te ha escrito aquel don García,
que ya sabe que tenía
talle y méritos don Juan
   para que tú le quisieras;
que, cuando presente esté,
al descuido te daré
la carta.

Celia   Vanas quimeras

para un mozuelo arrogante,
que no querrá tener celos
del mismo Sol de los cielos,
si se le pone delante.

Inés   Pues dime, si te ha cogido
por los celos que te ha dado
hasta haberte despreciado,
siendo tu desdén y olvido
   asombro de este lugar,
¿por qué no será también
que te venga a querer bien
y que te puedas vengar?

Celia   Bien dices; pero son celos
muy tibios de un hombre ausente.

Inés   Prueba hasta ver si lo siente,
y añade a celos recelos.

(Salen Martín y don Juan.)

Martín   Háblala, ¡por Dios!, con gusto,
ya que la vienes a ver.

Juan   No sé cómo pueda ser.

Martín   Yo sí.

Juan   ¿Cómo?

Martín   Porque es justo.

Juan   Cánsame, ¡por Dios!, Martín,

	tanta Celia noche y día.
Martín	Pues a fe que no solía;
	mas todo se muda, en fin.
Juan	Apenas el alba sale
	cuando hay Celia con papel,
	que para librarme de él
	ningún remedio me vale.
	No ha llegado el mediodía
	cuando hay presente y recado.
	¡Qué amor tan necio y cansado!
	¡Qué descompuesta porfía!
	¡Que aun no me puedo sentar,
	Martín, sin Celia a comer!
	Pues Celia al anochecer,
	¿cómo me puede faltar?
	Celia, de noche, en la calle;
	Celia en el Prado, en el río.
	¿No hay otros mozos de brío,
	de buen gusto y de buen talle,
	que me quiere Celia a mí?
Martín	Quedo, que te está escuchando.
Juan	Pues ¿puede faltarme hablando?
Celia	¿Es don Juan?
Juan	Señora, sí.
Celia	¡Mi bien!

(Hablan aparte los Martín y don Juan.)

Martín	Responde.
Juan	No sé.
Martín	Eso ya es descortesía.

(A ella.)

Juan	¡Mi Celia! ¡Señora mía!
Celia	¿Qué milagro de Amor fue hacerme aqueste favor?
Juan	¿Favor? Haréisme correr.
Celia	Pues ¿qué nombre ha de tener el venir a verme?
Juan	Amor.

(Aparte.)

Martín	¡Amor! ¡Con qué sequedad la hablas!
Juan	Harto me esfuerzo; que sabe el cielo que fuerzo el gusto y mi voluntad.
Martín	No queriendo en otra parte, ¿cómo no quieres aquí?
Juan	Pregúntalo a Amor, no a mí.

Celia	(¿Qué es eso, Inés?)
Inés	Oye aparte. Ya no tienes que escribir la carta que imaginaste. Un soldado está a la puerta, que de don García las trae.
Celia	¿Búrlaste, Inés?
Inés	¿Cómo burla?
Celia	Dile que vuelva a la tarde. No entren soldados aquí.
Juan	Señora, si es importante que yo me vaya...
Celia	¿Por qué? No es cosa que ofensa os hace. Cartas son de don García, que bien pudiera excusarme esta necia este disgusto. Di que mañana me hable, y que las deje, si quiere, para que don Juan las rasgue.
Juan	¿Rasgar yo? Pues ¿a qué efeto? Ni que él mañana aguarde. Dile que entre.
Celia	No ha de entrar.

Juan	Sí ha de entrar, que es disparate
	querer que a mí me dé pena
	quien viene de Italia o Flandes.
	Entre ese soldado luego,
	y él y cuantos en las naves
	desembarcan del Brasil
	o dan la vuelta de Cádiz.

| Celia | ¿Que queréis que entre? |

| Juan | Pues ¿no? |

(Aparte.)

| Martín | Parece que quieren darte |
| | su poquitico de celos. |

| Juan | ¿A mí celos? ¡Qué donaire! |

Martín	¿No es aqueste don García
	de los mirlados galanes
	que guardaban esta puerta
	y rondaban esta calle?

| Juan | El mismo. |

| Martín | Pues ¿por qué sufres |
| | sus cartas? |

Juan	Calla, ignorante;
	que no hay celos sin amor,
	y yo no le tengo a nadie.

(Sale Alberto, de camino, a lo soldado.)

Alberto	¿Quién es la señora Celia?
Celia	Yo soy.
Martín (Aparte.)	(¡Buen mozo!)
Juan (Aparte.)	(¡Buen talle!)
Inés (Aparte.)	(¡Bravas plumas!)
Celia (Aparte.)	(¡Bizarría tiene el belicoso traje!)

Alberto

Yo llegaba a Barcelona
de Génova al embarcarse
don García, a quien debéis
cuidado; bien triste parte.
Dióme esta carta, y con ella
una caja. Si hay un paje...
Pero no, porque he de dar
un despacho al Almirante.
En la calle de Alcalá
poso, de donde se parten
los carros. Llámome Ascanio
de li Estorneli. Enviadle
mañana entre siete y ocho.

Celia

¡Qué prisa! Esperad que os hable.
¿Lleva salud don García?

(Hablan lo dos aparte.)

Martín

«Salud y gracia; sepades...»

| | deben de quererte dar |
| | con tenerle y preguntarle. |

| Juan | ¿A mí? |

| Martín | No, sino al Sofí. |

| Juan | ¿Y qué importa que se canse? |

| Alberto | Salud lleva don García. |

| Celia | ¿Qué miráis? |

Alberto	Lo que hay delante.
(Aparte a Celia.)	¿Es aqueste caballero
	hermano o deudo? Que hacen
	mensajeros poco cuerdos
	tal vez grandes necedades.

| Celia | Hablad, que es un deudo mío |
| | que ha venido a visitarme. |

| Alberto | ¿Deudo? ¿El nombre? |

| Celia | Don Juan Guerra. |

Alberto	Es de los buenos solares
	su casa, y en su persona
	no se desluce su sangre.
	¿Pretende en Corte?

| Celia | Pretende. |

| Alberto | Y aquel mozo del semblante |

falso, ¿es también deudo vuestro?

Celia
Es un montañés que trae
consigo.

Alberto
¿El nombre?

Celia
Martín.

Alberto
Tiene traza de pegarse
dos tajos y dos reveses
con el sobrino del Draque.
Los soldados reparamos
en hombres de aquel desgaire.

(A don Juan.)

Martín
Con celos de don García
debe, don Juan, de mirarte
este soldado hablador.
¡Vive Dios, que le arrebate
y le arroje de un revés
cascos y plumas a Flandes!

Alberto
Digo, pues, que don García
va sin salud a arrojarse,
desesperado, a las armas
de un piamontés que le mate.
Con lágrimas y suspiros
me dijo palabras tales
que enternecieran las almas
de los más duros diamantes.
Dióme un abrazo que os dije.

Celia	Pues bien podéis abrazarme,
	que a las nuevas de su amor
	se deben prendas iguales.
Martín	¿Abrázanse?
Juan	¿No lo ves?
Martín	Trae presente, no te espantes.
Juan	¡Qué libertad tan grosera!
Martín	¿Qué se te da que la abrace,
	pues que no la quieres bien?
Juan	Perderme el respeto es parte
	para darme pesadumbre,
	que no porque a mí me agravie.
Celia	Id en buen hora, y podréis
	verme, señor, cuando os falten
	negocios.
Inés	Señora, escribe
	el nombre para buscarle,
	que me parece difícil,
	aunque la posada es fácil.
Celia	Libro tengo de memoria.
Alberto	Pues vuesa merced la saque.
Celia	Ya escribo.

Alberto	Ascanio.
Celia	¿De qué?
Alberto	De le Estorneli, y mandadme otra cosa en qué serviros.
(Vase.)	
Celia (A don Juan.)	El cielo, señor, os guarde. ¿Queréis rasgar esta carta?
Juan	¡Oh qué donaire tan grande! ¿Yo rasgar tus pensamientos? ¿Yo tus deseos? ¿Tan fácil te parece el dividir las primeras amistades? No soy tan necio, ni creas que en este juego me salen, aunque las cartas me des, esas figuras azares. Doyte el parabién del gusto, por la parte que me cabe, de que le tengas, que yo eso puedo desearte. Quédate a leerla a solas, que de secretos de amantes nunca quieren los discretos, aunque se lo rueguen, parte.
Celia	No, no, que es mucho desprecio sin ver la carta dejarme. ¡Espera, por vida tuya! Si la estimas, no la mates.

Toma, lee, rompe, arroja
sus razones; no te enfades,
que no tengo yo la culpa
de que me escriba quien sabes
que se fue de aborrecido,
con ser hombre de las partes
que todo el mundo conoce.

Juan   Que él te escriba y tú le alabes
está muy puesto en razón;
y para que no te canses
en pensar que me das celos,
lee, que quiero escucharte.

Celia   No quiero yo que tú pienses
que me escriben en lenguaje
menos que merezco honesto.

Juan   Lee si quieres, que es tarde;
que a mí no se me da nada
de que sea tierno o grave.

(Lee.)

Celia   Voy a la muerte huyendo de la vida,
dulce señora mía, de tal suerte
que la memoria de volver a verte,
desconfiado, la esperanza olvida.
          Ya no es posible que consuelo pida
a tu crueldad, porque el rigor me advierte
que quien allá no pudo enternecerte,
¿qué podrá ausente y la ocasión perdida?
          Esa joya te envío, no te espantes
de que, partiendo en lágrimas deshecho,

me retrate en firmezas semejantes.
　　Por ser el dios de Amor ponle en el pecho
por ver si puede Amor hecho en diamantes
romper un pecho de diamantes hecho.
　　Yo he leído.

Juan
　　　　　　　　Y yo escuchado
sin género de disgusto.
¿Quieres más?

Celia
　　　　　　　　Ni fuera justo
que esto te diera cuidado.

Juan
　　　　¿Cuidado a mí? ¿Para qué?
Mira en qué te sirve.

Celia
　　　　　　　　　　Espera;
hazme una merced.

Juan
　　　　　　　　　Pudiera
asegurarte mi fe.

Celia
　　　　Esta joya has de ponerte.
Valdréme yo del conceto
de don García.

Juan
　　　　　　　¿A qué efeto?

Celia
A efeto de enternecerte.

Juan
　　　　No, Celia; mejor será
que te enternezcas a ti.
Póntela y fía de mí,
que el mío por ti lo está.

	¡Dios te guarde! —Ven, Martín.
Celia	La joya te han de llevar.

(Aparte los dos.)

Martín	Piensa que llevas pesar.
Juan	¿Yo pesar? Pues ¿a qué fin?
Martín	No me agrada aquella risa. Con gusto queda de verte enojado.

(Vanse don Juan y Martín.)

Inés	¡Brava suerte!
Celia	Parece que el Amor pisa las estampas de los celos. ¡Qué presto tras ellos viene! ¡Qué discreto fuego tiene para abrasar necios hielos!
Inés	¡Picado va!
Celia	Con razón. ¡Pero que mi dicha fuese tan grande que me escribiese García en esta ocasión!
Inés	¿Qué ingratitud no venciera esta memoria?

Celia	Es verdad.
	Ya mi necia voluntad
	su mal gusto considera.
Inés	¡Brava joya te ha enviado!
	Mas ¿no se acordó de mí?
Celia	Por don Juan no te advertí
	que viene aparte un recado.
Inés	¿Cómo?
Celia	Cortes de Milán
	y medias de seda.
Inés	Hiciste
	discretamente.
Celia	¡Qué triste
	puso la carta a don Juan!
Inés	No habrá salido el aurora
	cuando voy a la posada
	de ese Ascanio, aunque olvidada
	del sobrenombre, señora;
	y advierte que me has de dar
	algo del presente a mí.
Celia	Medias habrá para ti.
Inés	A la color verdemar
	soy yo muy aficionada.
Celia	¿No es honrado caballero

don García?

Inés
　　　Ya te espero
ver de don Juan olvidada.

Celia
　　　Si me aprietan desengaños,
creo que me he de mudar,
que se cansan de llorar
mis ojos tantos engaños.
　　　Si viniese don García...
Temo el tenerle afición,
que una larga sinrazón
el mayor amor enfría.

(Vanse. Salen don Juan y Martín.)

Martín
　　　Pues ¿conmigo disimulas?

Juan
¿Yo contigo?

Martín
　　　¡Triste vienes!
De aquella carta a esta parte
te he sentido diferente.
Dime, ¡por Dios!, la verdad.

Juan
　　　Si Celia, Martín, me ofrece
la carta, para rasgarla,
de aquel su olvidado ausente
y me ha de enviar la joya,
¿qué celos, qué pena quieres
que tenga? Solo el pensar
que se alegra me entristece.

Martín
　　　Es condición del Amor

pesarle de ver alegre
lo que ama, que querría
que siempre triste estuviese.
Pero mostrando la carta,
que pudo Celia esconderte,
y dándote los diamantes,
no sé yo de qué te temes.
Como dice la canción:
«Antes ocasión parece
de conocer que te estima.»

Juan

Bien sé que Celia no puede
querer a nadie en el mundo.

Martín

Perdida de amor la tienes.
Pero ya tarda la joya,
si bien no es bien que te pese,
pues te obliga a darle otra
de más valor.

Juan

        No se entiende
con quien no la tiene amor.
¿Yo darle joya?

Martín

        Inés viene.

(Sale Inés.)

Inés

¿Puedo entrar?

Juan

        ¿Quién es, Martín?

Martín

¿Quién, dices? ¿No ves presente
la estafeta del Amor,

el paraninfo celeste
de Celia, el dulce Mercurio,
el Iris resplandeciente,
mensajera de los dioses?

Inés   Todos sabemos a Güete,
¡por vida del hablador!,
y estése quedo.

Martín   ¿Esto sientes?

Juan   Inés, ¿qué quieres?

Inés   Saber
de tu salud, y traerte
este papel.

Juan   ¡Qué cansancio!
¡Muerto me tienen papeles!

Martín   ¿No traes la joya?

Inés   ¿Cuál joya?

Martín   ¿Cuál? La de Ascanio Estorneli.

Inés   ¡Cómo se te acuerda el nombre!

Martín   ¿No quieres que se me acuerde?
Apenas hoy salió el alba
y en barbechos y alcaceres
pardas cantaban calandrias
dulce chillando motetes,
mesas apenas gabachos

de agua ministrando ardiente
ya por órganos narices
entonan tabaco fuelles,
cuando te vi por la calle,
y, a más de cuarenta «¡Cees!»
que desde lejos te di,
no respondiste una «ele».
¿Dónde ibas a ser Sol
de los dulces feligreses
de Baco, que a tales horas
a sus ermitas se ofrecen?

Inés
A buscar iba la joya;
pero no hallé quién pudiese
darme señas de ese Ascanio.

Martín
Tiene ya pocos parientes
después que Eneas, su padre,
de Dido causó la muerte.

Juan
Yo he leído y te he escuchado
y conozco, Inés, que mientes
en decir que no le hallaste.
Pero basta; bien se entiende
que Celia quiere traer
la joya, y dos cosas pierde;
la que yo le prevenía,
y el verme; porque de verme
eternamente no trate.

Inés
¿Qué es eso de «eternamente»?

Juan
¿No entiendes bien castellano?

| Inés | ¿Esta respuesta merece |
| | una mujer principal? |

| Juan | Y tú, soberbia, ¿te atreves |
| | a responderme? |

Inés	Ya traigo
	comisión de responderte.
	Si tú no vieres a Celia,
	está cierto que no intente
	las locuras que hasta aquí,
	que es infamia que desdenes
	sufra una mujer hermosa
	de un hombre, aunque un ángel fuese.
	Las humildades que ha hecho
	contigo, don Juan, te tienen
	tan arrogante. ¡Mal haya
	la mujer que os desvanece!
	Castigo de su soberbia
	fuiste; pero ya no quiere
	sufrirte necio y galán,
	discreto y impertinente.
	Es mi señora muy linda
	para que tú la desprecies;
	muy rica para buscarte,
	muy noble para quererte.
	Pienso que no hablo en culto
	y, si me entiendes, advierte
	que no te arrepientas tarde,
	que hay muchos que la pretenden.

(Vase.)

| Martín | Malo, ¡por Dios! No me agrada, |

que nunca criadas suelen
decir estas libertades
cuando las amas no quieren.
No me diera más temor,
si la oyera treinta veces,
la campana de Velilla,
con malos agüeros siempre,
que la voz desentonada
de Inés.

Juan   A quien no la teme,
¿qué piensas tú que le importa?

Martín   No te hagas tan valiente,
que pienso que has de pagarle
las crueldades que le debes.

Juan   ¡Déjame, necio!

Martín   ¿Yo?

Juan   Sí,
que no hayas miedo que deje
Celia de quererme.

Martín   ¿No?
¡Mal conoces las mujeres!
¡Vive Dios!, si hallan resquicio,
cuando alguno las ofende,
por donde entrar a vengarse,
que no hay cosa que no intenten.

(Vanse. Salen Alberto y don García.)

Alberto	Buena persona tenía
	y grave disposición.
	Dióle pena la afición
	con que hablaba en don García,
	y ella a él satisfacción.
	Paréceme, a lo que vi,
	que está perdida por él.
García	¿Perdida?
Alberto	Pienso que sí,
	porque de los celos de él
	venganza en ella sentí.
	Díjome que era pariente,
	y novio me pareció,
	que un pariente menos siente.
	Don Juan Guerra le llamó.
García	No poca me ha dado ausente;
	pero no me la ha de dar.
	Sus paces quiero estorbar
	y fingir que hoy he llegado.
Alberto	¡Buena traza de soldado!
	¡Volver hoy y ayer llegar!
García	Diré que el duque me envía
	con despachos para el conde,
	y pasaré a mediodía
	con postas la calle adonde
	hay más guerra que solía,
	y así todos pensarán
	que he llegado de Milán
	porque no tengo paciencia

para sufrir que en mi ausencia
quiera bien Celia a don Juan.

Alberto   Sí, pero vuestros amigos
luego os han de preguntar
lo que hay de los enemigos.

García   Luego ¿no es fácil contar
mentiras si no hay testigos?
    En Madrid, como a porfía
amanecen cada día
tres cosas hasta las pruebas;
mudanzas, arbitrios, nuevas,
y así lo será la mía.
    De Génova y de Saboya
las historias contaré
que pasó Grecia con Troya.

Alberto   ¿Y de la joya?

García   Diré
que no ha llegado la joya.

(Vanse. Salen Celia e Inés.)

Celia   En notable obligación
estoy a tu atrevimiento.

Inés   Conocí tu pensamiento.

Celia   Basta que los celos son
    a quien debo ese pesar,
después, Inés, de los cielos.

Inés	De ingratitud a los celos suele el Amor apelar.
Celia	Lo mismo me ha sucedido.
Inés	Si le dejas, tú verás a quien te desprecia más más despreciado y perdido. Estaba aquel bellacón de Martín, como espantado de ver el mundo trocado, dándome falsa atención.
Celia	¿Qué te dijo don Juan?
Inés	Nada; que también le pareció que hablaba atrevida yo, en tu mudanza fundada.

Celia	Y parecióle muy bien.
	Ea, pensamiento mío,
	agora es tiempo de brío
	contra tan necio desdén.
	    ¿Era yo la que llegaba
	de noche a buscar las rejas
	de un hombre, y con dulces quejas
	su ingrato nombre llamaba?
	    ¿Era yo la que le oía
	estando a su puerta dél,
	y a quien su gente cruel
	que estaba fuera decía?
	    No más crueldad, no más fieros,
	Amor, que para olvidaros

no hay más discretos reparos
que dar celos y no veros.
No me entre don Juan aquí,
que no quiero más don Juan.
¡Viva el que vive en Milán!

(Salen don Juan y Martín.)

Juan   ¿Qué estás diciendo de mí?

Celia   Que me cansan tus crueldades
siendo quien soy, que el deseo
tiemplan de suerte, que veo
tu mentira y mis verdades.
Y si no te persuades
con lo que te ha dicho Inés,
óyeme a mí, que después
que tus desengaños vi,
no soy la Celia que fui,
sino la Celia que ves.
¿En qué pensaba el furor
de tu arrogancia, don Juan?
¿No sabes cuán poco están
juntos desprecio y amor?
Mucho perdí de mi honor
en quererte despreciada;
pero ya, desengañada,
y la esperanza perdida,
cuanto estoy arrepentida
pienso que estaré vengada.
Que te quiero no lo niego,
que una principal mujer
bien puede luego querer,
pero no aborrecer luego.

Si fuera un monte de fuego
me le templara tu nieve.
¡Qué mal hace quien se atreve
a dar por amor desdén,
porque no es hombre de bien
quien no paga lo que debe!

Juan
Celia, de mi ingrato pecho
te has quejado sin razón;
temo de tu condición;
lo más que dices ha hecho.
Bien puede estar satisfecho
el tuyo de que soy tuyo.
De tu sentimiento arguyo
tu amor y, ya confiado,
si alguna vez la he negado,
el alma te restituyo.

Vuelvo arrepentido en mí
de aquellos desabrimientos,
porque tus merecimientos
siempre yo los conocí,
y no tan ingrato fui
que pudiese despreciarte.
Siempre he sabido estimarte,
porque fuera no quererte
ni haber ojos para verte
ni oídos para escucharte.

Los que no han sido enemigos
no hay de qué hacer amistades;
mas si no te persuades
sean estos dos testigos
de que ya somos amigos,
con juramento, mi bien,
que mis ojos no te den

más pesadumbre jamás;
que a los celos que me das
se ha rendido mi desdén.

Inés   Postas pasan. Voy, Martín,
a los balcones corriendo.

Martín   ¿Corneta? Mala señal,
mala voz y mal agüero,
y más sonando, señor,
en amistades los celos,
que es como, al salir de casa,
ver un acreedor o un cuervo.

Juan   ¿Cosa que fuese el soldado?

Martín   Pues yo por cierto lo tengo,
porque en venir por la posta
se ve que es mal y que es cierto.

Inés   Ponte, señora, al balcón;
verás un galán mancebo
vestido de verde y plata
cual suele florido almendro,
con todo un Orán de plumas,
un pirámide sombrero
estrellado de diamantes.
Baja el oído

(Inés le susurra al oído a Celia.)

Celia   Ya entiendo.

Juan   Y yo lo entiendo también;

y, pues estorbo, no quiero
darte, Celia, pesadumbre.

Celia   No, no, que parecen celos.
¿Tú celoso? ¡Dios me libre!
Solo, mis ojos, te ruego
me des licencia, que voy
un instante, un pensamiento
a ver hombre tan galán.

(Vase.)

Inés   Yo, Martín, ni más ni menos;
a ver a cierto criado
que trae envuelta en un fieltro
el alma que me llevó.

(Vase.)

Martín   ¿Qué es esto, señor, qué es esto?

Juan   ¿Qué ha de ser más de que ya
mudó la veleta el viento?

Martín   ¿No te dije yo que había
de vengarse?

Juan   ¡Pierdo el seso!
Como vi que me adoraba,
estaba mi amor durmiendo,
y despertó dando voces,
Martín, en dándome celos.

Martín   ¿Y la pícara de Inés

que con el otro escudero
me amenaza haciendo burla?

Juan   ¿Qué haremos?

Martín   ¡Por Dios!, que creo
que es todo en Celia artificio;
porque de su entendimiento
presumo invención tan rara.

Juan   Ya llega tarde el consuelo.
Carta, soldado, presente,
postas, plumas a los cielos,
verde y plata con diamantes
bien pudo hallar el ingenio;
pero no la ejecución,
que ya con los ojos veo.
¡Ay, Martín, qué necio he sido!

Martín   Pues no parezcas más necio
en dar a entender tu pena.

Juan   ¡Que hallase este caballero
para venir a matarme!

Martín   Dicen que a un doctor volvieron
una mula que le hurtaron
mientras curaba a un enfermo,
y que, pasados dos años,
la halló a su puerta, diciendo
un rétulo que tenía
entre la barba y el pecho:
«Estime vuesa merced
esta mula, que por cierto

que no ha dado un tropezón
de aquí a Roma.» Así sospecho
que se halló Celia a la puerta
este soldado, que ha vuelto
al lugar donde vivía
sin avisar a su dueño.

Juan   No sé lo que Celia intenta,
solo sé que yo me muero.

Martín   Sin duda, pues te confiesas.

Juan   A voces, Martín, confieso
que es la luz de aquestos ojos,
que es el alma de este cuerpo,
de mis potencias acción
y el primer movimiento
de mis sentidos, si ya
puedo decir que los tengo.

Fin de la segunda jornada

Jornada tercera

(Salen don Juan y Martín.)

Juan   Llama con fuerza.

Martín   Señor,
                ya es otro tiempo.

Juan   ¡Ay de mí!
                Dile a Inés que estoy aquí.

Martín   ¿A Inés?

Juan   Sí.

Martín   Tengo temor.
                ¡Ah, muy magnífica Inés,
                dígnate de abrir la puerta!

(Sale Inés.)

Inés   Pues bien, Martín, ya está abierta.

Martín   Oye, y ciérrala después.

Inés   ¿Es aquél don Juan?

Martín   Pues ¿quién?

Juan (Aparte.)   (¡Justa cólera me abrasa!)

Inés   ¿Qué quieres en esta casa?

Juan
¿Desde ayer tanto desdén?
Dile a Celia, Inés, si es justo,
que estoy aquí.

Inés
Está excusada.

Juan
¿Cómo?

Inés
No está levantada,
que ha dormido con disgusto.

Juan
¿Qué importa que yo la vea?

Inés
No es mi señora mujer
que en la cama la ha de ver
quien su marido no sea.

Juan
Yo me acuerdo de algún día
que de mí no recataba
ni el jazmín que madrugaba
ni el clavel que anochecía.
Habrá venido a saber
si el aurora amaneció
quien, más dichoso que yo,
puede sus celajes ver.
¿Quién duda, Inés, que tendrá
silla el señor don García,
sin que le murmure el día
que el Sol en la cama está?

Inés
Ni ha venido ni está aquí,
que aquí nadie puede estar.

Juan
Yo lo he de ver.

Inés	No has de entrar.
Juan	¿Cómo no?
Inés	¡Tente!
Juan	¿Tú a mí?

(Sale Celia en manteo, con una ropa de levantar.)

Celia	Quedo, quedo. ¿Qué es aquesto? ¿Tú, don Juan, fuerza en mi casa y a mis criadas?
Juan	Si pasa de lo que es término honesto esta furia en que me ves, no te espantes, pues que quieres darme celos.
Celia	Las mujeres que viven de su interés aun no se tratan así.
Juan	Que tengo justo respeto a tu valor te prometo; pero estoy fuera de mí.
Celia	¿Después de tanto desprecio hablas con tanta humildad?
Juan	Fui necio en prosperidad.

Celia	Pues agora no seas necio.
Juan	¿Qué pierdes por que yo vea quién en tu aposento está?
Celia	Todo el honor que me va en que esto de mí se crea; y esa licencia, don Juan, solo un marido la tiene cuando a tal desdicha viene que tal ocasión le dan.
Juan	Yo lo seré tuyo.
Celia	Es tarde.
Juan	¿Tarde?
Celia	Quien no me estimó, cuando él quiere quiero yo que allá en la calle me aguarde.
Juan	Mira, escucha.
Celia	Estoy desnuda.
Juan	Ayer vino don García. Con no entrar yo, Celia mía, has puesto tu honor en duda. Déjame entrar.
Celia	¿Cómo entrar? Ni el Sol entra en mi aposento.

Martín	Señora, su pensamiento antes te pretende honrar; que importa que entre.
Celia	Ya digo que ni el Sol entra a estas horas donde duermo.
Martín	Si mejoras tu causa siendo él testigo, deja, aunque es impertinencia, que entre, pues que loco está.
Celia	Dos veces he dicho ya que al Sol no daré licencia. Mira que llaman, Inés.
Inés	¡Ay, señora, don García!
Celia	¿Ves como estar no podía donde dices?
Juan	A tus pies pido, señora, perdón.
Celia	No quiero que te halle aquí. Entra, don Juan, no por mí, mas por mi honesta opinión; que salir delante de él también le dará recelos.
Juan (Aparte.)	(¡Que hayan llegado mis celos a término tan cruel!)

Celia   Advierte que has de callar
                   y no quitarme el honor.

(Hablan aparte los dos.)

Martín   ¡Bien te castiga, señor!

Juan   ¡Bien se ha sabido vengar!

(Vanse don Juan y Martín. Salen don García, bizarro, de camino, y Alberto.)

García   A un soldado que solía
                   tener paz en esta tierra,
                   a quien destierra la guerra
                   de la paz en que vivía,
                   dad los brazos, Celia mía.

Celia   ¡Qué soldado tan galán!
                   ¡Ya volveréis capitán!

García   De penas nadie juntó
                   más compañía que yo.

Celia   ¿Cómo os venís de Milán?

García   Despachos traigo, señora;
                   que esta ventura me alcanza
                   por hombre de confianza.

Celia   ¿Volveréis?

García   No lo sé agora.

Celia   De la gente vencedora,

¿qué nuevas nos dais?

García (Aparte.)   (Aquí
                    fingiré lo que no vi,
                    pues de Madrid no he salido;
                    mas donde hay tanto fingido,
                    ¿por qué ha de faltarme a mí?)
                        El generoso marqués
                    de Santa Cruz restauró
                    lo que Génova perdió,
                    y fue por tierra después.
                    Del gran Felipe a los pies
                    rindió, Celia, las banderas
                    de las armas extranjeras
                    con el hispano estandarte;
                    porque es en la tierra Marte,
                    y Neptuno en las galeras.
                        El de Feria, que dilata,
                    con eterno aplauso y loa,
                    el nombre de Figueroa,
                    invicto a César retrata;
                    ganar una fuerza trata
                    inexpugnable. El invierno
                    quiere ser diluvio eterno;
                    que algún planeta contrario
                    quiere que tenga el Acuario
                    del fin del año el gobierno.
(Aparte.)   (No sé, ¡por Dios!, lo que digo;
                    pero aquí no importa nada.)
                    En fin, Celia, esta jornada
                    armas dejo y plumas sigo,
                    no me puso el enemigo
                    en Saboya más recelos
                    de no volver a estos cielos

que aquí tu olvido temor,
porque no hay muerte mayor
que amor con ausencia y celos.
   ¿Haste acordado de mí?

Celia   No, García; ¡por tu vida!,
que quien se acuerda se olvida,
y yo no te olvido a ti.

(Hablan aparte los dos.)

Juan   ¿No escuchas aquello?

Martín   Sí.

Juan   Estoy por salir.

Martín   ¡Detente!

García   Si supiera yo que ausente
esta dicha mereciera,
antes de agora perdiera
la gloria de estar presente.

(A Alberto.)

Inés   Vuesa merced me parece,
si la vista no me engaña,
aquel soldado que trujo
a mi señora la carta.

Alberto   El mismo soy.

Inés   Pues yo fui

a buscarle dos mañanas,
sin que desde el Buen Suceso
dejase hasta el Prado casa.
¿No se llama Ascanio?

Alberto   Sí.

Inés   Los que más señas me daban
                  decían que no le vieron
                  desde la guerra troyana.
                  ¿Qué se hizo aquella joya?

Alberto   Allí la tengo guardada.
                  Que no me hallase me admiro.

Inés   Como se usan en España
                  Sánchez, Rodríguez y Hernández,
                  por «Ascanios» me enviaban
                  a la moderna poesía.

Alberto   De no me hallar fue la causa...

Celia   Que vengáis cansado es fuerza.
                  Descansad, García, que basta
                  el verme para estas horas.

García   Celia, quien os ve descansa.
                  No quiero en aqueste traje
                  deteneros.

Celia   Quien aguarda
                  ocasiones de serviros,
                  en todo tiempo las halla.

García   El cielo os guarde.

Celia   Id con Dios.

(Vanse don García y Alberto. Salen don Juan y Martín. Hablan los dos aparte.)

Martín   Ten más prudencia, y no hagas
                desatinos que te cuesten
                perder del todo su gracia.

Juan   Ya no es tiempo de consejos.
                ¿Eres tú la recatada,
                la Lucrecia del puñal
                y la Porcia de las brasas?
                ¿La que no dejaba el Sol,
                de melindrosa y honrada,
                dorar con sus rayos de oro
                la madera de tu cama?
                ¿O eres tú la que recibes
                a don García y le abrazas,
                jurándole por su vida,
                con otras tiernas palabras,
                que «no te acordabas de él
                porque jamás le olvidabas»?
                ¿Eres tú...?

Celia   Luego ¿no viene,
                si no es que el gusto me engaña,
                don García de buen talle?

Juan   ¿Tú dices eso? ¿Tú hablas
                de esa manera conmigo?
                ¿Tú de esta suerte me tratas?

Celia	Déjame, don Juan, vestir,
	que la mañana se pasa
	y es mucha descortesía
	tenerme desnuda.

Martín	Es tanta
	que puede Inés prevenir
	rueda y plumas.

Celia	Esta casa
	fue siempre tuya, don Juan;
	si hubiere alguna mudanza
	no tengo la culpa yo,
	que con tal verdad te amaba.
	El Sol mismo no está firme,
	la Luna los cielos anda,
	la Naturaleza dicen
	que es hermosa por ser varia.
	Lo que era ayer ya no es hoy,
	ni lo que hoy será mañana.
	Si solo Dios no se muda,
	¿de qué mudanza te espantas?
	No dejo yo de quererte,
	que eres de este cuerpo el alma;
	pero tengo el fuego tibio
	y la voluntad helada.
	Con esto, vendrás a verme;
	pero no ha de ser al alba,
	que es hora en que no visitan
	galanes en esperanza.
	Lo que es una silla tienes
	en esta casa sin falta
	para cuando estés ocioso;
	y yo, a manera de dama

que te entretenga discreta
con las historias pasadas.
Hablaremos de aquel tiempo
que yo, don Juan, te cansaba
dando quejas a tus puertas,
suspiros a tus ventanas,
y contarásme tú a mí
de la que servir aguardas,
el talle, la bizarría
y lo que con ella pasas.
Diréte yo algún consejo
en razón de darle galas,
de averiguar unos celos
o de rasgar unas cartas;
que con esto y tu prudencia,
en tanto que no te cansas,
serán las pláticas breves
y las amistades largas.

(Vase.)

Martín   Aquí bien echo de ver
que habrás menester paciencia.

Juan   Más he menester ausencia
si me tengo de perder.
    Esto se perdió, Martín.
Otro entró; dejé la espada.
Celia, de mí despreciada,
es mujer, vengóse, en fin.
    No sé cómo escuchar pude
tal burla y tal libertad.

Martín   Ella te dijo verdad;

100

no hay cosa que no se mude.
Ausentarte es acertado,
si ha de hacer burla de ti.

Juan   Probaré lo que hay en mí.
Cobarde, estoy despreciado.

Martín   Bien dices: o gran paciencia
o ausencia aquí te conviene.

Juan   Fuerte es el mal que no tiene
más remedio que el ausencia.

(Vanse. Salen Alberto y don García.)

García   ¡Gallardamente se lució la industria!

Alberto   Y tanto, que has llegado a ver el pecho
que antes juzgabas de diamantes hecho
con tan tierna y igual correspondencia.

García   Más que a mi voluntad debo al ausencia,
pues ella descubrió que me quería,
que siempre no tenerme amor fingía.
Mirando estoy, Alberto, y no lo creo,
lo que puede el ausencia en el deseo.
En fin, es privación, pues del no verme
nacieron los principios de quererme.
Mejor debo de ser imaginado.
¿Yo en los brazos de Celia? ¿Yo abrazado
de la mujer más tibia que ha tenido
amor entre los hielos del olvido?
¿Yo cerca de sus rosas y jazmines?
¿Yo querido de Celia?

Alberto	No imagines tanto estas cosas que te vuelvas loco.
García	Cuando me vuelva loco, todo es poco.

(Sale Inés.)

Inés	Parecerá novedad venir a esta casa Inés.
García	Será novedad si es efecto de voluntad.
Inés	Este papel te lo diga.
García	Mil veces beso el papel, si hay más desdenes en él que cuando fue mi enemiga.
Inés	Afuera queda un criado con un regalo.
García	¿Eso más?
Inés	Lee el papel y verás a qué buen tiempo has llegado.

(Lee.)

García	«No será fuera de propósito a quien viene de la guerra servirle con ropa blanca, y más en camino largo y por la posta. De vuestra salud me alegro mucho, García, y

deseo volveros a ver, que lo que ha faltado
mucho no se ha de ver poco.»

¡Notable favor, Alberto!

| Alberto | No hay cosa, ¡por vida mía!, |
| | como llamarte García. |

| García | Anda el amor descubierto. |

Esto de quitar el «don»
a lo que se estima y quiere
regaladamente infiere
que hay amistad y afición.
    No sé qué se tiene más
«García» que «don García».
Ahora bien; dile, Inés mía,
que para siempre jamás
    un esclavo tiene en mí,
y aquesta caja le lleva;
con los diamantes a prueba
de lo que yo ausente fui.
    Sortijas son, y son tales,
si bien diamantes, estrellas
merecen manos tan bellas
ser a su alabastro iguales.
    Una lleva en una ce
presentado un corazón,
que las dos mitades son
el círculo de mi fe;
    otros hay con diferencia
de gusto y vista, en efeto;
siempre el oro fue discreto,
siempre habló con elocuencia.
    Iré a verla, y tú, entretanto,

	ponte esta cadena, Inés.

Inés
Con una pe soy tus pies
por pagarte en otro tanto.
  ¡Mil años te guarde el cielo!
Señor Estorneli, adiós.

(Vase.)

Alberto
Reina, adiós. Ya vais los dos...

García
¿Dónde?

Alberto
Camino del cielo.

García
¿Cómo?

Alberto
Al casamiento vais,
que sin él no se va bien.

García
Agradezco el parabién
que con ese bien me dais.
  Rica, hermosa, y bien nacida
es Celia; dichoso yo.

Alberto
¿Será bien hablarla?

García
No;
por si entretanto me olvida;
  que aún temo su condición.
Mejor es que doña Clara
la hable; a ver si declara
con ella su pretensión.

Alberto	Es muy discreta y os ama.
García	Siempre a mi favor se inclina. ¡Ay, esperanza, camina, que la posesión te llama!

(Vanse. Salen don Juan y Martín.)

Juan	¡Yo voy perdiendo el juicio!
Martín	¿Aquí tornas?
Juan	Aquí torno.
Martín	Como torno es el amor, que alrededor se anda todo. Mira que das que decir en la calle.
Juan	No hago poco en no echar piedras por ella.
Martín	Mira, señor, que amor solo siempre lo pasa muy mal, y tú dijiste que es loco quien solo una cosa amaba, cuando fuiste más dichoso. Vámonos a entretener, que en la corte hay mil hermosos rostros.
Juan	No sé qué me tengo, que todos me dan en rostro.

Martín	Las heridas duelen menos
	con los remedios.

Juan
                    No pongo
la esperanza en los remedios
ni a la muerte el paso estorbo.
Quiero ausentarme, no puedo;
quiero escribirla, no oso;
quiero verla, temo el daño
de su desdén riguroso.
En su calle me anochece,
y en ella, con letras de oro,
los desengaños del alba
me escribe el Sol en los ojos;
aumentando sus venganzas,
pido a sus rejas socorro.
¿Nadie me escucha?

(Salen Celia e Inés a la reja sin que don Juan repare en ellas.)

Celia (Aparte.)
                    (Sí escucha,
que Amor es ciego y no sordo.)

Juan
                    ¡Ay terribles desengaños,
cómo prometen los días
para breves alegrías
tristezas de muchos años!
    ¡Ay dulces horas pasadas,
que hacéis la pena mayor!
¡Ay verdades, que en amor
siempre fuistes desdichadas!
    ¡Ay hierros de aquestas rejas,
quién os pudiera ablandar!

Celia (Aparte.)	(¿Hay gusto como escuchar en un arrogante quejas?)
Juan	¡Que obligaciones deshagan novedades de dos días! Buen ejemplo son las mías, pues con mentiras se pagan. 　Justamente Amor me trata vengando el rigor de un año, cuando traté con engaño tus verdades, Celia ingrata. 　¿Entonces quién tal pensara que era mi lealtad tan poca? ¡Qué de quejas vi en tu boca! ¡Qué de perlas vi en tu cara! 　Pensar en que me adorabas con mayor dolor me aflige. Oh, cuántas veces te dije, cuando a mi puerta llamabas, 　como por vitoria y palma de tus desdenes tan cierta: «En vano llama a la puerta quien no ha llamado en el alma.»
Celia (Aparte.)	(¡Ay celos bien empleados!)
Juan	Cuando llamabas allí y, preguntando por mí, me negaban mis criados 　—tanto el corazón descansa contando lo que pasó—, estaba diciendo yo: «¿Para qué busca quien cansa?»

Martín	Señor, mira que es locura enamorar con tus quejas los mármoles de unas rejas.

Juan	¡Ay peregrina hermosura,
	  qué noche te vi turbada
	decir, viéndome volver:
	«Déjate, don Juan, querer,
	pues que no te cuesta nada!»
	  Sí cuesta, que no es hazaña
	pagar amor con olvido,
	que el que piensa que es querido
	el ser querido le engaña.
	  Mira entre desdichas tantas
	a qué llegan mis enojos,
	pues vengo a poner los ojos
	donde tú pones las plantas.
	  Vino tu antiguo amador
	de Milán para vengarte,
	a ser de mis paces Marte,
	a ser de mi guerra Amor.
	  Con esto vengada estás,
	pues que ya en brazos ajenos
	ni puedes tenerme en menos,
	ni puedo estimarte en más.

Celia (Aparte.)	(¿Qué música en los oídos tan dulce pudiera ser como haberme visto ayer perder por ti los sentidos y hoy verte llorar por mí?)
Juan	¡No quiero, Celia, piedad! Yo esforzaré tu crueldad

con darme la muerte aquí,
  pues he visto la mudanza
que ha hecho tu pecho ingrato,
en el tiempo y en el trato
nadie tenga confianza.
  Confieso, ¡ay penas tiranas!,
que se me pasan iguales
las noches en tus umbrales,
los días en tus ventanas.
  Y no llamo en esta calma,
no digas, de mi amor cierta:
«En vano llama a la puerta
quien no ha llamado en el alma.»

Celia (Aparte.)   (Quiérome quitar de aquí,
¡ay cielos!, que puede ser
que me venga a enternecer
y que se burle de mí.
  Pues no me piense engañar
con la disculpa, aunque es mucha;
que quien lástimas escucha
cerca está de perdonar.)

(Quítase.)

Martín   Señor, si estás de tal suerte
llamaré mil veces.

Juan   No,
que no quiero darme yo
tanta ocasión a mi muerte.
  Lo que podemos hacer
es ir a pedirle a Clara,
si Celia acaso repara

en que ha de ser mi mujer,
que la hable y la prometa
la palabra de mi parte.

Martín

Pues yo puedo asegurarte,
si ella la palabra aceta,
que tú te desenamores,
porque no se puede hallar
remedio como el casar
para templar los amores.
Los que más ves desear
aquel tan breve placer
los verás amanecer
con deseos de enviudar.

Juan

¡Pluguiera a Dios que me viera
en esos trances, Martín,
que no hay en el gusto fin
cuando el amor persevera!
¡Ay, esperanzas burladas
del engaño y del favor!
¡Ay, verdades, que en amor
siempre fuistes desdichadas!

(Vanse. Salen Clara y don García y Alberto.)

Clara

Esto Celia respondió,
determinada a casarse.

García

Pudiera Celia emplearse
en otro mejor que yo,
pero no en quien más la quiera
y la desea servir.

Clara	Bien te puedes persuadir
	de que por dueño te espera,
	pues esta noche me advierte
	de que haréis las escrituras.
García	Clara, el bien que me aseguras
	ya me enloquece de suerte
	que sale del corazón
	a los ojos mi alegría.
	En fin, Clara, ¿Celia es mía?
Clara	Hoy tendrán satisfacción
	tus sospechas de que has sido
	quien siempre Celia ha estimado.
García	Perdón pido a mi cuidado
	de las dudas que ha tenido,
	que donde hay competidor
	también anda en competencia,
	y más si hay celos y ausencia,
	el miedo con el amor.
	La que yo hice a Milán,
	por allá pensar me hacía
	si aquellas noches venía
	algún dichoso galán
	a la calle o a tener
	conversación en la casa.
Alberto	Cuanto a los amantes pasa,
	don García, no ha de ser
	repetido en la ocasión
	de llegar a casamiento,
	porque es turbar el contento
	perder la satisfacción.

Amor es pleito entre dos
cuando tiene competencia;
agradeced la sentencia,
pues ha salido por vos,
    y vamos a prevenir
lo que fuere menester.

(Salen don Juan y Martín, y quedan aparte.)

Juan

Diligencias se han de hacer
hasta llegar a morir.

Martín

    Nunca yo fui de opinión
que, cuando llega a venganza
una mujer por mudanza,
se le dé más ocasión.

Alberto

    Éste es don Juan, el galán
que en casa de Celia vi.

García

Pues, Clara, ¿don Juan aquí?

Clara

Seguro estás de don Juan;
    que si a ver a Celia entró
alguna vez, yo sería
la causa.

García

            Que la servía,
Clara, imaginaba yo;
    pero, ya desengañado,
de pensarlo estoy corrido.

Martín

Éste es el recién venido,
no sé si también amado.

Juan	Todo lo debe de ser,
	pues desde que vino aquí
	se burla Celia de mí.
García	Claro está que has de querer
	hablarle; yo doy lugar.
Clara	Vete con Dios, y está cierto
	de que esta noche el concierto
	se ha de escribir y firmar.

(Váyase don García, mirando a don Juan, y él a don García, muy falsos.)

Juan	¡Bravo talle!
Martín	A los celosos
	todo en el competidor
	parece siempre mayor.
Juan	Son los ojos temerosos
	de la misma condición
	de la envidia.
Clara	¡Qué cuidado
	me has dado en haber llegado,
	don Juan, en esta ocasión!
Juan	¿Por qué, Clara?
Clara	Don García,
	que es el que de aquí se va,
	casado con Celia está.

Juan	¿Casado?

Clara   Si en este día
se han de hacer las escrituras,
claro está que está casado.

Juan   Mientras en duda han estado,
¡oh Clara!, mis desventuras,
estaba loco de amor;
pero en llegando a ser ciertas,
abro al corazón las puertas.
Váyase en buen hora Amor.
Mal determinado andaba
para llegar a ausentarme;
que a un hombre que fue querido
llega el desengaño tarde.
Pero, pues ya no hay remedio
ni esperanza que me engañe,
yo me ausento de sus ojos;
Celia en mi ausencia se case.
Culpa tuve de perderla,
no tengo de quien quejarme.
Esta es honrada ocasión;
mañana me parto a Cádiz.
Dícenme que a socorrerla
el Almirante se parte
y otros muchos caballeros;
seguir quiero al Almirante,
que en esta acción, y en un hora,
ha sido cosa notable
que de toda España el rey
conozca las voluntades.
Quédate, Clara, con Dios,
y da a Celia de mi parte

el parabién de mi muerte,
de casarse y de vengarse.

(Vase.)

Clara   ¡Lástima me ha dado!

Martín   Es justo
que te enternezca.

Clara   Martín,
con ausentarse da fin
Amor con tanto disgusto.
  Ya se casa don García,
ya no hay que cansarse más.

(Salen Celia e Inés.)

Celia   ¡Qué descuidada estarás
de aquesta visita mía!

Clara   ¿No viste al entrar un hombre
que es dueño del que está aquí?

Celia   Tapéme cuando le vi.

Martín   Si aborreces hasta el nombre,
  ¿qué mucho que no les dieses
ese disgusto a tus ojos?

Celia   ¡Ay, Martín, si los enojos
de mis pensamientos vieses,
  juzgarías que, ofendida,
quise matarme vengada!

Martín	Ya creo que estás casada,
	en que estás arrepentida.
Celia	No ha tanto que me casé,
	pues aun está por firmar,
	que el gusto lo pueda estar.
	Siento que un hombre sin fe,
	a quien yo he querido tanto,
	me haya obligado a perderle,
	pues, sin dejar de quererle,
	de lo que intento me espanto.
	Por vengar tantos agravios
	hago tan gran necedad
	que, si te digo verdad,
	voy con el alma en los labios.
	Yo le vi salir de aquí
	y la sangre se me fue
	al corazón, que pensé
	que ya no le hallara allí.
	Piensas tú que no le oí
	decir las noches pasadas,
	a mis ventanas, bañadas
	de mi llanto y su dolor:
	«¡Ay, verdades, que en amor
	siempre fuistes desdichadas!»
	Todo lo vi y escuché;
	pero ya la suerte mía
	me ha entregado a don García.
	Di la palabra, ¿qué haré?
	Si llama entonces, yo sé
	que Amor llevara la palma,
	sin responder, puesta en calma
	la venganza entonces cierta:

«¿Para qué llama a la puerta
quien no ha llamado en el alma?»
     Fuese sin llamar, y así
determinada quedé
de casarme, y lo juré
para vengarme de mí.
Rompiera la puerta allí;
que así Amor la furia amansa
cuando celoso descansa.
Ya que a buscarme llegó,
que no le dijera yo:
«¿Para qué busca quien cansa?»

Martín   No sé qué pueda decir,
Celia, en esta confusión.
Ya te casas, no es razón
tu casamiento impedir.
     A Cádiz se va don Juan
con el honor y laurel
de Enríquez, porque con él
muchos caballeros van.
     Échame tu bendición
con esas flores de azahar,
que para ver pelear
voy a alquilar un balcón;
     que, aunque con honrados bríos,
más voy en estas tormentas
a dejar dinero en ventas
que a echar a fondo navíos.

Celia   Dios te dé, Martín, felices
sucesos, pues a mí no.

Martín   Obispa te vea yo,

que con tal mano bendices.

(Vase.)

Clara   Necia has estado.

Celia   ¿Yo?

Clara   Sí;
en declarar lo que sientes.
Ya que te casas, no intentes
que éste se vengue de ti.

Celia   No puedo más. Toma el manto,
ven a la calle Mayor,
que nunca pensé que Amor
quisiera vengarse tanto.
    Sacaré de aquí a la noche
cosas que son menester.

Clara   Mucho fue no conocer
don Juan al salir el coche;
    y si es que le ha conocido,
él te ha de seguir y hablar,
ocasión que puede dar
sospechas a tu marido.

Celia   ¡Ojalá! Pero no creo
que, estando determinado,
le dé mi boda cuidado
ni mi privación deseo.
    Yo me tengo de casar,
porque he venido a creer
que si le vuelvo a querer

me ha de volver a olvidar.

(Vanse. Salen don Juan y Martín.)

Martín   ¡Qué buen modo de partir
                 después que postas conciertas!

Juan   Tú me has echado a perder
                 con darme, Martín, dos nuevas;
                 una, que ya los ingleses
                 llevaron en la cabeza;
                 que solo un Girón de España
                 los hizo volver sin ella;
                 que se arrojaron al mar
                 cobardes, dejando en tierra
                 vidas, honra, municiones,
                 codicia, engaño y soberbia;
                 y otra, que lloran por mí
                 los bellos ojos de Celia.
                 ¡Mal agüero en mi partida
                 el ver llorar las estrellas!
                 Y así vengo a ver su calle
                 para consolar mis penas,
                 y por vengarme de ver
                 que enamorada me deja.

Martín   No pienso que están en casa.

Juan   ¿Si en otra parte conciertan
                 este necio casamiento?
                 Llega, Martín, a la puerta.

Martín   Sale muy gentil olor,
                 que es señal que en casa cenan,

y que puede consolarte.
Llégate más cerca, llega;
que si en las sienes y pulsos
se pone cuando hay flaqueza
algún agua que conforte
o algún licor que dé fuerzas,
¡por Dios!, que por las narices
así lo que guisan entra
desde la cocina al pecho,
que hasta el ánima consuela.

Juan   Advierte que viene gente.

Martín   ¿Si es justicia?

Juan   No hay linterna.

Martín   Bien dices, que suele ser
de esos tres magos la estrella:
corchete, alguacil y pluma
[.................-e-a.]

(Salen don García, galán, Alberto y gente que acompaña.)

Alberto   Bueno fuera haber traído
un hacha.

García   La casa es ésta.

Juan   ¿Quién va?

García   Don García Fajardo.

Martín   Éste es el dueño de Celia.

García	¿Y quién es quien lo pregunta?
Juan	La justicia.
García	Que lo sea por muchos años.
(Al acompañamiento.)	Entrad.

(Vase.)

Juan	Ya mi desdicha se acerca. ¿Entraron?
Martín	No, sino el alba. Vámonos de aquí; ¿qué esperas?
Juan	¿Fajardo dijo?
Martín	Mejores los tiene agora en su tienda la calle del Arenal.
Juan	¡Todo me abrasa y me hiela! Irme querría, y no puedo.
Martín	Pues es necedad extrema si ya Celia está casada.
Juan	¿No puede ser que suceda alguna cosa entretanto?
Martín	¡Oh qué esperanza tan necia!

Juan	Si acompaña a un sentenciado hasta la misma escalera, ¿es mucho que me acompañe hasta que se case Celia?
Martín	Un hombre viene.

(Sale Laurencio, escribano.)

Juan	¿Quién va?
Laurencio	Presumo que ya me esperan.
Juan	¿Quién va?
Laurencio	El escribano soy.
Juan	Pues vuesa merced se vuelva, que me va en esto la vida, y póngase esta cadena.
Laurencio	Bien entiendo que os importa; pero ¿si otro llaman?
Juan	Venga, que otra tengo que le dar.
Laurencio	Somos tantos que el arena del mar no será bastante si se volviese cadenas.
Juan	Con irse vuesa merced bien puede ser que no sea la escritura aquesta noche.

Laurencio	Yo me voy.

(Vase.)

Martín	¡Qué diligencias tan locas!

Juan	No puedo más.

Martín	Más gente viene. ¿Qué intentas?

(Salen dos músicos.)

Músico I	¿Qué guitarra habéis traído?

Músico II	La sonora portuguesa.

Músico I	¡Buenas voces!

Músico II	¡Extremadas!

Músico I	Pienso que la casa es ésta.

Juan	¿Músicos?

Martín	Pues ¿no lo ves?

Juan	¡Vive Dios, que no consienta que canten cuando yo lloro! ¡Sacude!

Martín	¡Sacudo!

Juan	¡Mueran!
Músico I	¡Ay, que me han muerto!
Juan	Eso sí, vayan a cantar endechas.
Martín	O a lo menos el romance de «A malas lanzadas mueras».

(Alboroto de los cintarazos salen don García, Alberto, Celia, Inés, y acompañamiento.)

Músico II	Aquí están.
García	Pues, caballeros, ¿así es justo que se atrevan a criados de esta casa?
Juan	Hasta agora no hay en ella quien eso pueda decir, pues solo su dueño es Celia.
García	¿Cómo que no? Yo lo soy.
Juan	¿Estáis casado en ella?
García	Vengo a hacer las escrituras.
Juan	Pues, cuando estuvieran hechas... ¡Cuántas veces no se cumplen!
García	Lo que los nobles conciertan, aun sin las firmas, se cumple.

124

Juan	En cosas de esta materia
	algunas causas impiden
	la ejecución que desean.
García	¿Sois impedimento vos?
Juan	Cuando la espada pudiera
	responder, seguro estoy
	que hablara por mi defensa;
	pero yo tengo que hablaros
	aquí aparte a vos y a Celia.
García	Si ella quiere, aquí estoy yo;
	no hay cosa que más me venza
	que una honrada cortesía.

(Don Juan habla aparte con García y Celia.)

Juan	¿Es propio de la nobleza
	si un hombre que se casara
	con una dama supiera
	que había querido a un hombre
	un año con tal firmeza
	que, siendo los días de él
	trescientos sobre sesenta
	y cinco, tantos papeles
	puede mostrar de su letra?
	¿Y que con celos, el alba
	trocaba perlas con ella,
	porque, llorando las dos,
	eran mejores sus perlas,
	si se espantaba la noche
	de ver el Sol a sus puertas,

que el de sus ojos gustaba
de estar mirando por ella?
Y si hubiese merecido
cuanto de una dama honesta
puede conceder Amor
en exteriores licencias,
¿sería bien que, celosa,
por venganza, aunque discreta,
se casase a su disgusto,
y el que viniese a querella
sobre tanta voluntad
viniese a hacer experiencia
de los temores que pasa
quien lo que digo sospecha?
Vos sois juez; sentenciad
la causa, si acaso es vuestra.

García   Pues ¿quién es el hombre?

Juan   Yo.

García   Pues ¿quién es la dama?

Juan   Celia.

García   ¿Es aquesto verdad?

Celia   Sí;
                no quiera Dios que yo mienta.

García   Ni que yo, Celia, me case
                con quien verdades confiesa.

Celia   Hay verdades que en Amor

	por los desprecios se niegan.
Juan	No desprecios, Celia mía;
	siempre adoré tu belleza.
García (Aparte.)	(¡Buen marido fuera yo
	si a mis ojos la requiebra!)

(García se dirige a todos.)

Caballeros, yo he sabido
en este punto que es deuda
mía, de que nunca tuve
imaginación ni nuevas,
la señora Celia, y quiero,
ya que por serlo no pueda
casarme, que no se emplee
menos tan rara belleza
que hoy en el señor don Juan
de la Guerra y de la Vega.
Esto suplico a los dos,
y que yo padrino sea.
Venga un «sí» doblado.

Juan y Celia	Sí.
Martín	Ya que de cura te precias,
	merezca Martín a Inés.
García	Pues de la misma manera
	digan el «sí» juntos.
Martín e Inés	Sí.

Martín   ...que es como el Requiem aeternam.

Juan   De Las verdades de amor
                 aquí acaba la comedia.

Celia   Y el deseo de serviros,
                 donde ella acaba, comienza.

                 Fin de la comedia

Libros a la carta

A la carta es un servicio especializado para
empresas,
librerías,
bibliotecas,
editoriales
y centros de enseñanza;
y permite confeccionar libros que, por su formato y concepción, sirven a los propósitos más específicos de estas instituciones.

Las empresas nos encargan ediciones personalizadas para marketing editorial o para regalos institucionales. Y los interesados solicitan, a título personal, ediciones antiguas, o no disponibles en el mercado; y las acompañan con notas y comentarios críticos.

Las ediciones tienen como apoyo un libro de estilo con todo tipo de referencias sobre los criterios de tratamiento tipográfico aplicados a nuestros libros que puede ser consultado en Linkgua-ediciones.com.

Linkgua edita por encargo diferentes versiones de una misma obra con distintos tratamientos ortotipográficos (actualizaciones de carácter divulgativo de un clásico, o versiones estrictamente fieles a la edición original de referencia). Este servicio de ediciones a la carta le permitirá, si usted se dedica a la enseñanza, tener una forma de hacer pública su interpretación de un texto y, sobre una versión digitalizada «base», usted podrá introducir interpretaciones del texto fuente. Es un tópico que los profesores denuncien en clase los desmanes de una edición, o vayan comentando errores de interpretación de un texto y esta es una solución útil a esa necesidad del mundo académico.

Asimismo publicamos de manera sistemática, en un mismo catálogo, tesis doctorales y actas de congresos académicos, que son distribuidas a través de nuestra Web.

El servicio de «libros a la carta» funciona de dos formas.

1. Tenemos un fondo de libros digitalizados que usted puede personalizar en tiradas de al menos cinco ejemplares. Estas personalizaciones pueden ser de todo tipo: añadir notas de clase para uso de un grupo de estudiantes, introducir logos corporativos para uso con fines de marketing empresarial, etc. etc.

2. Buscamos libros descatalogados de otras editoriales y los reeditamos en tiradas cortas a petición de un cliente.